巴尔扎克

从投稿写手到文学巨匠

高立来 ◎ 编著

中国社会出版社

国家一级出版社·全国百佳图书出版单位

"世界名人非常之路"编委会

主　　任：刘明山
编　　委：周红英　王汉卿　高立来　李正蕊　刘亚伟　张雪娇
　　　　　方士娟　刘亚超　张鑫蕊　李　勇　唐　容　蒲永平
　　　　　冯化太　李　奎　李广阔　张兰芳　高永立　潘玉峰
　　　　　王晓蕾　李丽红　邢建华　何水明　田成章　李正平
　　　　　刘干才　熊　伟　余海文　张德荣　付思明　杨永金
　　　　　向平才　赵喜臣　张广伟　袁占才　许兴胜　许　杰
　　　　　谢登华　衡孝芬　李建学　贺欣欣

写在前面的话

著名学者培根说:"用伟大人物的事迹激励我们每个人,远胜于一切教育。"

的确,崇拜伟人、模仿英雄是每个人的天性,人们天生就是伟人的追星族。我们每个人在追星的过程中,带着崇敬与激情沿着伟人的成长轨迹,陶冶心灵,胸中便会油然升腾起一股发自心底的潜力,一股奋起追求的冲动,去寻找人生的标杆。那种潜移默化的无形力量,会激励我们向往崇高的人生境界,获得人生的成功。

浩浩历史千百载,滚滚红尘万古名。在我们人类历史发展的进程中,涌现出了许多可歌可泣、光芒万丈的人间精英。他们用挥毫的笔、超人的智慧、卓越的才能书写着世界历史,描绘着美好的未来,不断创造着人类历史的崭新篇章,不断推动着人类文明的进步和发展,为我们留下了许多宝贵的精神财富和物质财富。

这些伟大的人物,是人间的英杰,是我们人类的骄傲和自豪。我们不能忘记他们在那历史巅峰发出的洪亮的声音,应该让他们永垂青史,英名长存,永远纪念他们的丰功伟绩,永远作为我们的楷模,以使我们未来的时代拥有更多的出类拔萃者,以便开创和编织更加绚丽多姿的人间美景。

我们在追寻伟人的成长历程中会发现,虽然每一位人物的成长背景各不相同,但他们在一生中所表现出的辛勤奋斗和顽强拼搏精神,则是殊途同归的。这正如爱默生所说:"伟大人物最明显的标志,就是他们拥有坚强的意志,不管环境怎样变化,他们的初衷与希望永远不会有丝毫的改变,他们永远会克服一切障碍,达到他们期望的目的。"同时,爱默生又说:"所有伟大人物都是从艰苦中脱颖而出的。"

伟大人物的成长也具有其平凡性,关键是他们在做好思想准备进行人生不懈追求的过程中,从日常司空见惯的普通小事上,迸发出了生命的火花,化渺小为伟大,化平凡为神奇,

写在前面的话

获得灵感和启发,从而获得伟大的精神力量,去争取伟大成功的。这恰恰是我们每个人都要学习的地方。

正如学者吉田兼好所说:"天下所有的伟大人物,起初都很幼稚而有严重的缺点,但他们遵守规则,重视规律,不自以为是,因此才成为一代名家,成为人们崇敬的偶像。"

为此,我们特别推出"世界名人非常之路"丛书,精选荟萃了古今中外各行各业具有代表性的名人,其中包括政治领袖、将帅英雄、思想大家、科学巨子、文坛泰斗、艺术巨匠、体坛健儿、企业精英、探险英雄、平凡伟人等,主要以他们的成长历程和人生发展为线索,尽量避免冗长的说教性叙述,而采用日常生活中富于启发性的小故事来传达他们成功的道理,尤其着重表现他们所处时代的生活特征和他们建功立业的艰难过程,以便使读者产生思想共鸣和受到启迪。

为了让读者很好地把握和学习这些名人,我们还增设了人物简介、经典故事、年谱和名言等相关内容,使本套丛书更具可读性、指向性和知识性。

为了更加形象地表现名人的发展历程,我们还根据人物的成长线索,适当配图,使之图文并茂,形式新颖,设计精美,非常适合读者阅读和收藏。

我们在编撰本套丛书时,为了体现内容的系统性和资料的翔实性,参考和借鉴了国内外的大量资料和许多版本,在此向所有辛勤付出的人们表示衷心谢意。但仍难免出现挂一漏万或错误疏忽,恳请读者批评指正,以利于我们修正。我们相信广大读者通过阅读这些世界名人的成长与成功故事,领略他们的人生追求与思想力量,一定会受到多方面的启迪和教益,进而更好地把握自我成长的关键,直至开创自己的成功人生!

巴尔扎克

人物简介

名人简介

奥诺雷·德·巴尔扎克（Honoré·de Balzac，1799~1850），法国19世纪伟大的批判现实主义作家，欧洲批判现实主义文学的奠基人和杰出代表，法国现实主义文学成就最高者之一。

巴尔扎克生于法国中部的图尔城。他的家庭是法国大革命后致富的资产阶级家庭。1814年，巴尔扎克随父母迁往巴黎。17岁入法科学校就读，同时旁听巴黎大学的文学讲座，获得文学学士衔。

1829年，巴尔扎克出版了长篇小说《最后一个舒昂党人》，又译为《最后的朱安党》，初步奠定了他在文学界的地位。1831年发表的长篇小说《驴皮记》为他赢得声誉，使之成为法国最负盛名的作家之一。

1841年，在但丁《神曲》的启示下，巴尔扎克正式把自己作品的总名定为《人间喜剧》。

1829~1849年，巴尔扎克共为《人间喜剧》写出了91部作品。其中，长篇小说《欧也妮·葛朗台》《高老头》《幻灭》《农民》《贝姨》等，均显示出这位伟大小说家的才华。

1850年8月18日，巴尔扎克由于长期高负荷的工作，需要饮用大量咖啡，患血热症去世，享年51岁。

成就与贡献

巴尔扎克素有文学拿破仑之称。他一生塑造了2400多个人物，充分展示了19世纪上半叶的法国社会生活。巴尔扎克的《人间喜剧》被认为是人类文学史上罕见的文学丰碑，是法国社会的"百科全书"。

巴尔扎克

在《人间喜剧》中，巴尔扎克阐述了他的现实主义创作方法和基本原则，从理论上为法国批判现实主义文学奠定了基础。其中以《欧也妮·葛朗台》和《高老头》两篇小说最为著名。

《人间喜剧》是巴尔扎克的多卷本巨著，是巴尔扎克以毕生精力完成的光辉巨作，这套书全面反映了法国的社会风俗史，再现了1816年至1848年，也就是王政复辟到七月王朝期间广阔的社会图景，堪称人类精神文明的奇迹。

在这里，它以清醒的现实主义笔触，被恩格斯誉为"一部法国社会，特别是巴黎上流社会的卓越的现实主义历史"。

巴尔扎克的创作为小说开辟了一个新天地，使小说获得了空前的表现力。他的作品艺术气魄宏伟、生气勃勃，和现实生活一样丰富多彩，却比现实更加集中、凝练和强烈。巴尔扎克以自己的创作在世界文学史上树立起不朽的丰碑。

地位与影响

随着巴尔扎克在法国文坛蒸蒸日上，他渐渐被同时代的作家所认识。戈蒂耶第一个站出来热情地赞扬巴尔扎克的天才。此后乔治·桑、波德莱尔、福楼拜、左拉都对他赞誉有加。

雨果甚至在巴尔扎克的葬礼上说："在最伟大的人物中间，巴尔扎克属于头等的一个；在最优秀的人物中间，巴尔扎克是出类拔萃的一个。他的才智是惊人的、不同凡响的，成就不是眼下说得尽的。"

巴尔扎克不仅在法国文学史上成绩斐然，在世界文学史中也占据着举足轻重的地位。

在过去的100多年中，巴尔扎克的作品在全世界广泛传播，对世界文学的发展和人类进步产生了巨大的影响。马克思、恩格斯称赞他"是超群的小说家""现实主义大师"。

目录

巴尔扎克

童年生活

得不到父母关爱 ………………………………… 2
深受家庭的影响 ………………………………… 10
寄宿学校的生活 ………………………………… 15

人生抉择

父母亲的期望 …………………………………… 22
大学实习生活 …………………………………… 25
毕业后的抉择 …………………………………… 28
达成父子协议 …………………………………… 32

开始写作

第一间工作室 …………………………………… 36
首次创作失败 …………………………………… 49
转战商业小说 …………………………………… 56
挚友终生难忘 …………………………………… 65
尝试经商失败 …………………………………… 71

拼命努力

陋室里笔耕不辍 ………………………………… 78
首部署名的作品 ………………………………… 84
取得了初步成功 ………………………………… 97
为还债四处躲避 ………………………………… 109

巴尔扎克 目录

为生活拼命写作……………………………………115
夜以继日地工作……………………………………128

丰硕晚年

创作了历史巨著……………………………………148
硕果累累的作品……………………………………159
完成《人间喜剧》…………………………………171
大作家抱憾而终……………………………………182

附 录

经典故事……………………………………………194
年　谱………………………………………………196
名　言………………………………………………198

童年生活

时间是人的财富、全部财富,正如时间是国家的财富一样,因为任何财富都是时间与行动化合之后的成果。

——巴尔扎克

得不到父母关爱

在1799年5月20日的这一天,一位举世闻名的文学巨匠降临到人间,他就是有着传奇一生的、无与伦比的伟大作家,传世名著《人间喜剧》的作者巴尔扎克。

巴尔扎克,全名奥诺雷·德·巴尔扎克,他诞生在法国一个名叫图尔的城市。这座城市坐落在号称法国母亲河的卢瓦尔河畔,距离巴黎只有200英里。图尔城风光秀美如画,市内建筑极有特色,聚集着一批欧洲闻名的大学。

卢瓦尔河是法国最长的河流,它流经法国腹地的中游地带,景色旖旎,沿岸有许多名胜古迹。

整个法兰西民族几乎都受到了卢瓦尔河的滋养,它给予了这个国家人民优雅、浪漫、乐观的品性和崇尚自由、崇尚爱情的情怀。同时,也哺育了"像天才一样未经栽培"的巴尔扎克。

巴尔扎克虽然是父亲弗兰苏·巴尔扎克和母亲萨拉比耶·洛尔·莎洛特·安娜的长子。但是,作为家里的第一个孩子,巴尔扎克的降生并没有受到父母的足够重视。

其实,早在巴尔扎克出生的头一年,老巴尔扎克夫妇刚刚夭折了一个孩子,那个看上去健壮的男孩,在来到这个世上的一个多月后,就不幸死去了。

所以,有鉴于此,当巴尔扎克刚刚出生后,这个襁褓中的婴儿,还没有享受到母亲温暖的怀抱,就被父母送到郊区的一个奶娘家里寄养。

这个奶娘是一个贫穷宪兵的妻子,由于生活艰苦,不得不以喂养高贵家庭里出生的孩子为业，获得一些微薄的收入，这样的情况，在18世纪至19世纪的法国其实是十分普遍的。

对于这对贫苦的夫妻来说，眼前的这个嗷嗷待哺的婴儿，只不过是在每个月底带来一些家庭收入的来源，只要把他喂养得健健康康就算完成了使命，当然没有必要和精力去呵护他幼小的心灵。

而让他们万万没有想到的是，巴尔扎克却偏偏是个十分敏感的孩子，他与这对夫妻一起生活了4年，在这期间，他既没有感受到来自亲生母亲的慈爱，也没有体会到奶娘的温暖，他只感觉自己是个寄人篱下的、无人关心的、随时有可能被遗弃的可怜儿。

幸好，过了不久，即1800年9月29日，巴尔扎克又有了一个可爱的妹妹来与自己做伴。

这对兄妹由于一起被寄养在陌生人的家里，萌生了惺惺相惜的感情，他们一起吃、睡、玩，用最简单的孩子的行为来表达对于彼此的爱和关心。

妹妹从童年时起就给予哥哥的温情，抚慰了巴尔扎克善良热情的灵魂，这也使得即使在成年之后，他们兄妹仍然是几个孩子中最亲密的一对。巴尔扎克有什么高兴和不高兴的事情，都乐意向妹妹来倾诉，包括他们共同的对于母亲的怨恨。

在巴尔扎克的许多信件和作品中，人们都可以看到他童年时由于孤寂和被冷落忽视后，所产生的对于父母的怨恨。从他出生开始，他就没有给父母带来多少乐趣。

他也没有得到应有的母爱，只有在每个周末，他才被允许回到那个有着宽敞房间的家里玩一回，但是却得不到玩具和任何礼物。他似乎只不过是那个家庭里并不被重视的客人，从来没有得到过女主人温柔慈爱的关心。

他的妈妈，对这个孩子从来没有亲昵的举动，也没有慈祥的爱抚和拥抱，她有的仅是一声声严厉的呵斥。即使在孩子生病的时候，也顾不得陪在孩子身边。

巴尔扎克成年后，不无伤心地控诉说，那是"任何人命运中所不曾遭受的最可怕的童年"。

巴尔扎克在郊区宪兵的家里生活了4年后，又被"遣送"到另一个陌生人家里去当半寄食者，与父母更是聚少离多。即使偶尔相见，自私的父母给予巴尔扎克的指责也总是多于温情。

他们关心的只是儿子掌握了多少礼仪，至于儿子的感情，父亲漠不关心，母亲则是爱答不理。

这对夫妻成婚之时，巴尔扎克的父亲已经50多岁了，母亲却还是个年轻姑娘，夫妻之间年龄跨度达30多岁，加上出身背景的不同，使得这对夫妻的性格志趣大不相同。

巴尔扎克祖先都是农民。他们本来也不姓巴尔扎克，他们的真实姓氏是巴尔萨，一个农民的姓氏。

从前，他的家族只是住在一个小村庄里，靠几亩薄田生活。他们需要每天早上把牛群赶到牧场放牧，白天再去耕种一个叫作郎格多克的小地方的田地，日子过得清苦却也快乐。

虽然这些农民既没有高大威严的城堡，也没有象征尊贵显赫的纹章；虽然他们干的只不过是把牛群驱向牧场，再汗流浃背地去耕种土地而已，但是这一点并不影响他们子孙的发迹。

巴尔扎克的父亲弗兰苏·巴尔扎克便是一个十分幸运的小伙子。1746年6月22日，弗兰苏·巴尔扎克出生在离康奈扎克不远的一个小村庄上。他是11个孩子中的老大哥，为人聪明能干而又机灵善变。

如果不是父亲为这个孩子下了进入教会的决定，让他有机会读书写字和学习拉丁文，他可能会长成一个狡黠朴实的庄稼汉。

有一段时间，弗兰苏·巴尔扎克在本村里做些清闲的事情，例如帮助本地的录事官做文字书记，又在葡萄园里帮过工，还常跟在耕犁后面跑。

但是，随着时间的推移，这个精力旺盛、孔武有力、雄心勃勃的小伙子已经认识到，自己并不喜欢神甫们过的那种清幽的生活，他不甘心出家。

弗兰苏·巴尔扎克长到20岁的时候，一件振奋人心的事情发生了，这就是历史上著名的法国资产阶级革命，这是个英雄辈出的时代。

老巴尔扎克离开了自己的乡土，混进了巴黎的生活圈子。起初和许多不显眼的年轻人一样，住在简陋的房子里。

但是，这个乡下人与众不同的是，他很清楚自己在这个城市里需要什么，他天生就善于钻营。

虽然此时，老巴尔扎克对如何发家心里还没有概念，眼前也没有确定的职业。

但是，他有着乡下人那种固执和勇往直前的劲头儿，并且勤俭节约又吃苦耐劳，这些精神在后来他儿子的小说中还被热情地赞美过。

弗兰苏·巴尔扎克先是利用机会，挤进了当时被视为肥缺的军需处和军粮供应处。后来，他又在巴黎的革命市参议会上获得一席职位，这个职位使他得到不少有用的关系，加上他具有一种根深蒂固的本能，能够嗅到金钱的气味，他终于插足到军队一个利润与外快流得最多的部门，那就是战时物资军粮处。军粮处的黄金线路，是不可避免地会伸到放债人和银行家们的账房里来的。

在这个肥缺上，积累了30年后，弗兰苏·巴尔扎克又获得了在巴黎的杜麦尔·丹尼耶银行当主任秘书的体面职务。

巴尔扎克曾经说到过"杂货商人肯定可以成为法国元老，而贵族有时会沦为社会的最底层"，大概讲的就是法国大革命的作用。

老巴尔扎克就是借助法国大革命带来的这一点运气，凭着血肉之勇和善于钻营的精神，从一个下层农民一跃进入上流社会的。

到了50岁，老巴尔扎克已经摇身一变成了一个小有资产的、体面的绅士了。在人们看来，老巴尔扎克从一个一文不名的、奔忙劳碌、雄心勃勃的小伙子，变成一个令人尊敬的绅士，已经是很了不起的事情了。

但是在弗兰苏·巴尔扎克自己看来，这一切还不够圆满，他还需要一个有着良好教养、年轻、美丽的女郎做自己的妻子，为自己生儿育女。

过了不久，这个机会终于来了。51岁时，这位身心俱健、仪表动人、惯吹法螺并善于拈花惹草的老单身汉，相中了银行里一位主任的女儿。

这是比他小32岁的萨拉比耶·洛尔·莎洛特·安娜小姐。洛尔小姐不仅容貌美丽，而且举止端庄、谈吐文雅，虽然她只是一个小资产家的女儿，但是却有着贵族小姐们的那种高贵的气质。

另外，洛尔小姐还有着一座价值估计在12万～13万法郎的庄园作为嫁妆。

弗兰苏·巴尔扎克先生，用自己的成熟老练和良好的社交技巧，终于如愿以偿地为自己物色到了一个既有嫁妆，又有门第的理想的妻子。于是，很快他们就结婚了。

巴尔扎克的母亲萨拉比耶·洛尔·莎洛特·安娜是一位典型的小资产阶级妇女，有着这个阶级妇女的一切通病：多愁善感，罗曼蒂克，有时还有一点歇斯底里。

不仅如此，很显然，巴尔扎克的年轻母亲，洛尔小姐接受过良好教育，高雅的艺术修养、敏锐的感受力是她那无忧无虑、天性快乐的丈夫所不具备的。

这就致使洛尔小姐经常会把对于生活的抱怨，有意无意地转移到幼小的巴尔扎克身上，况且那个时候，她也还是个年轻的女人，还没有意识到母亲的关怀对于孩子的重要性。

婚后不久，老巴尔扎克开始重新计划自己的生活，他现在的这个职位虽然看上去还算体面，但是却已经没有多少油水可捞了，更何况还要养活未来一家子人。

所以，经过几番周密的思考和权衡，老巴尔扎克决意利用故旧的关系，再回到军队里谋职。他的运气不错，过了不久就当上了第22师军粮处的监督。

现在，老巴尔扎克一家已经移驻到图尔城生活了，军粮处的税收提供了弗兰苏·巴尔扎克一笔很可观的收入，加上有妻子的嫁妆作为后盾，他们的生活还是比较殷实的。

巴尔扎克出生的这一年，也正是老巴尔扎克一家开始活跃在贵族和新兴资产阶级上层交际圈里的一年。由于长期的积累和勤俭节约，这一年，老巴尔扎克一家从之前狭窄的意大利军队街搬入了属于自己的一栋宽敞明亮的大房子里，过着十分体面富足的生活。

他们的生活开始讲究排场，有一辆自备马车和大批的奴仆，往来于社会名流之间，甚至是从前趾高气扬的贵族也是巴尔扎克家里的常客。

巴尔扎克的父亲性格活跃又天性乐观，获得一个体面的婚姻，并且老来得子，这一切都让他感到知足和快乐。

他迷恋于享乐的生活，整日里应酬不断，尽管已经步入老年，由于良好的体魄和外形仍然是很多女人心中美好的异性形象。

巴尔扎克的母亲，虽然已经是两个孩子的母亲，但是青春和富有加上长期良好的家教，使得她性感成熟、优雅迷人。

夫妻两个，一个是行政官员，事业顺心；另一个热衷应酬，长袖善舞。这一切，使得这一对并不相爱的夫妻却有着共同的爱好，即热爱名利和热衷交际，这一点后来也遗传给了他们天才的儿子。

老巴尔扎克一家的官邸位于图尔市的因达尔卢瓦尔街上，图尔城的达官贵人们时不时就要来这里举办"沙龙"，那是法国社会很热衷的一种联谊活动。

上流社会，甚至是贵族们，都同这位曾在巴黎当过红色市议员的田舍翁之子往来很密。这些人中间有上议员克莱芒·德·瑞，他的神秘拐带案件后来曾被巴尔扎克写在文章里。

还有德·庞眉若男爵和德·马尔岗先生，这位先生于若干年后，曾在努力挣扎的作家走投无路时，帮过他的大忙。

老巴尔扎克还曾应邀参加过市政活动，重大决策时他总是被咨询意见。尽管这个农民的孩子家世寒微，出身卑贱，但他在这个瞬息万变全面改革的时代里，通过自己的努力，已经获得了上流社会人们的认可。

他的这种精神不知不觉地也遗传给了自己的儿子，当巴尔扎克成年后，也是靠着这种性格给自己赢得荣誉的。

为了使来到家里的客人们不太拥挤，偶尔可以回到家中的巴尔扎克和妹妹常被安置在四楼，由一名严谨的家庭女教师照看着。

早晨，巴尔扎克要被女教师带到妈妈那里请安，晚上又要重复这样的礼节。每到这时，年幼的巴尔扎克都有种想挨近妈妈的膝头，拥抱她倾诉的冲动。

但是，每当儿子对上妈妈那要么冷冰冰、要么严厉的眼光后，马上就吓得直哆嗦，仿佛这个冷漠的女主人又发现了自己犯了错误似的，让这个可怜的敏感的孩子真想马上找个地方躲起来。

晚上，已经上床的巴尔扎克想到第二天自己又要回到寄养的乡下，自己又要过着那样窘迫而又悲惨的日子，他感觉自己就像一个孤苦伶仃的孤儿似的可怜，他甚

至觉得自己就不像是母亲的亲骨肉,因为在这里,他感觉不到母亲对他有哪怕是一丁点的爱意。当巴尔扎克成年以后,他的妈妈对待儿子的这些冷漠做法仍然让他记忆犹新,难以忘记。

到了7岁,巴尔扎克这个没人要的孩子,便被打发到旺多姆一家寄宿学校去了。他唯一的愿望就是,他应该到一个离家远一点的什么地方去,远在另一个小城里。

又过了7年,当孩子因不堪忍受惩罚以致回到父母家中,而使寄宿生涯告一段落时,她竟使得他生活更是痛苦。用他自己的话说,终于在他满18岁时,他就毅然决定,扔下那个实在容忍不下去的环境而出走了。

深受家庭的影响

认识巴尔扎克的朋友都知道,这是一个具有双重性格的人,一方面他非常执着于自己的事业,勤奋敬业,乐观自信,一生创作无数;另一方面,他又极其敏感,渴望温情。然而,他和父母的关系,尤其是母亲的感情终其一生都不是很好。

深究这其中的原因,就不得不从巴尔扎克的父亲弗兰苏·巴尔扎克先生和洛尔小姐两个人的性格,以及他们并不和谐的婚姻追究起。

巴尔扎克的父亲,老巴尔扎克在事业上还算比较成功,从各方面来说都是体面与美满的。这不仅与他本人的努力有关,也和他的性格关系很大。

弗兰苏·巴尔扎克先生是个乐天的人,容易感到快乐和满足,体格很魁梧,对本人的成功、对世上的一切,无不称心满意。他从一个田舍翁之子,爬到了巴黎的上流社会,还娶了一位迷人的妻子,这使得他感到自得意满。

这位乐天的老头儿,永远都是那么兴高采烈,这一点我们就经常会在巴尔扎克的身上看到。老人的文化程度不高,但他却爱好读书,而且各种书都喜欢读,读书的胃口真是好极了。

弗兰苏·巴尔扎克先生又有极好的记忆力。这样他的脑子里积满了各种各样的趣闻和知识。据说,他年轻的时候,也曾写过一两本有意思的书。虽然内容与他伟大的儿子比起来,可能相差十万八千里,不过,这些兴趣和爱好,还是深深地感染了巴尔扎克。

老巴尔扎克毕竟出身于农民家庭,谈吐上不能像贵族那样文雅,生起气来又像个暴躁的骑兵,对于描述什么事情,总是不吝惜一些添油加醋的掌故，但他同时也是一个善于编故事的高手。他说话常常是妙语连珠，能够博得听众的哈哈大笑。巴尔扎克无疑也遗传了父亲的这一优点。

老巴尔扎克不但十分乐观，而且非常精明，他的言谈中常常夹杂着吹牛。若干年后，当他已经成为图尔城中的知名人士时，他便告诉人们，他曾在路易十六手下当过王家议院的秘书，甚至还当过王家顾问，但这些人们已经猜到是假的，因为在国王的年鉴上从来没有记载过一位叫作巴尔扎克或者巴尔萨的人效命过此职位。

然而，到了巴尔扎克成名的时候，他比他的父亲，还更热衷于荣誉。有意思的是，不管是当时的还是现在的人们，都情愿买这位文学巨匠的账，宽容他的虚荣。

事情是这样的，当老巴尔扎克30岁的时候，他已小有名气。有一天，他突然对所有的人宣布，说自己的姓氏应当是德·巴尔扎克·奥诺雷。

这显然是一个贵族的名字，在封建时代的法国，是只有贵族的姓氏中才能标上"德"这一个字的，就像西班牙王国时代的贵族姓氏才可以带"堂"、德意志贵族的姓氏才能带上"冯"的标志一样。

在当时人们的心目中，贵族是要高出平民许多倍的。很多人都知道巴尔扎克生于一个平民家庭，他的姓氏中为什么会带上一个贵族标记的"德"字呢？

一些好事的人，考证巴尔扎克的出身，无论从他的父系还是母系来说，巴尔扎克的姓氏都是与"德"字无关的。

然而，巴尔扎克之所以认为自己是贵族的后裔，也是缘于他的父亲老巴尔扎克先生的一次吹牛。巴尔扎克姓氏中的那个"德"字，就是父亲一次吹牛中吹出来的，这是一个很有意思的吹牛事件。

在一次闲聊之中，老巴尔扎克说自己可能和古代骑士德·昂特拉格·巴尔扎克的家族沾一点远亲。

所以巴尔扎克在成名之后，也像他的父亲一样，毫不犹豫地在姓氏前面加了一个贵族象征的姓氏"德"。

其实，这只不过是当时的一个风尚，法国大革命后，贵族阶级融合到资产阶级中去的现象日益严重，资产阶级也仰慕贵族古老的家世和称号，攀附名贵在当时的法国是很流行的。

巴尔扎克在政治上一直是个保王派，自然也有着贵族色彩的政治倾向。按照巴尔扎克的观点，一个投机商人尚可以成为贵族，而他，伟大的巴尔扎克，有什么理由不能获得这个头衔呢？

父亲的性格和脾气，根深蒂固地影响着巴尔扎克，如果一直下去，他会成为一个不折不扣的永远拥有勃勃雄心和乐观精神的人了。然而，巴尔扎克的母亲却在这个时候，给了他另一些影响，这使得巴尔扎克最终长成一位既继承了父亲的乐天性格，又遗传了母亲的敏感气质、极富于幻想和臆测的矛盾的人。

巴尔扎克的母亲，洛尔小姐有个自卑的思想，总觉得自己命薄。当她认为自己蒙受委屈时，她经常用各式各样歇斯底里的叫喊来宣泄。她骨子里有着一种罗曼蒂克的倾向，这促使她需要很多关爱，而这些东西，她认为在自己的家中没有获得足够的满足。

她喜欢对孩子们抱怨，她觉得巴尔扎克不听她的话，不知道感恩，她认为自己对儿子的成才操尽了心思，而儿子却总是不能理解作为母亲为他所做的一切。

当巴尔扎克的父亲老巴尔扎克在世的时候，每当妻子吵吵闹闹，他总是可以泰然自若地应付过去。

但是，当老巴尔扎克去世以后，洛尔成了孤单的寡妇，她就把这种不满和不快乐的情绪带给巴尔扎克和他的妹妹，她对这些孩子极为严厉，以为可以按照自己的思路来安排孩子的命运，但是孩子们却都那样叛逆，不肯听她的摆布，尤其是巴尔扎克。

洛尔对巴尔扎克不肯听父母的劝告，去做一个体面的律师或者检察官，而做一个拿笔杆子的文人，一直十分不满。

即使巴尔扎克已经颇负盛名的时候，她看到的仍然是巴黎大报小报上那些无聊的关于他儿子的负面新闻。

直到她生命的终结，她从未停止过用善良的忠告和泪眼婆娑的苛责，来折磨她那已经举世闻名的儿子，这就使得巴尔扎克与她的距离更加疏远。

这位脾气坏、禁忌多的母亲，曾冷酷地拒绝一切孩子们的情爱表示。而偏偏巴尔扎克也是一个特别需要温情的敏感的孩子，为此，他感到痛苦不堪。不管他在母亲面前表现得多么温顺，母亲总是无动于衷。巴尔扎克不能理解母亲冷漠面孔背后的爱，在他看来自己就是被忽视了，这种想法恰巧和他的母亲想的一样。

所以，这对母子各有各的道理，当巴尔扎克晚年的时候，甚至当他已经把母亲接到自己家里同住，而自己的头发业已斑白的时候，他仍不能忘怀在童年岁月里，由于母亲拒绝给予孩子温柔的母爱而受到的伤害。

一次，在给韩斯卡夫人的信中，巴尔扎克近乎哀鸣地写道：

> 生活是多么艰难啊！目前在当可怜的劳伦斯和祖母的摧毁者之后，她又在驱赶我妹妹进入坟墓。
>
> 她有一大串的理由恨我，甚至在我出世以前她就恨我，我跟她的关系已濒于决裂，决裂几乎是必要的事了。然而我还是宁愿继续受罪，这个创伤是治不好的。
>
> 我母亲就是我一生中降临到我身上的一切灾病的根源。
>
> 真不知道我母亲是怎样的一个女人！她是一个妖精，同时又是一个妖精似的怪人。

巴尔扎克对于母亲的抱怨，犹如母亲对他们的一样，如出一辙，这的确是个很有意思的遗传。

除此之外，巴尔扎克的金钱观也难免不受到母亲的影响。洛尔出自典型的巴黎小资产阶级家庭，天生对金钱感兴趣，对于如何在这个社会上取得体面的地位和财富了如指掌。

所谓教养儿女，在她看来就是去教给孩子们，花钱乃是罪恶，而挣钱才是一切美德之中最值得称许的。

她怂恿孩子们，早早为自己终生创造一个稳定的地位，如果是女孩子，则需要觅得一门好亲事。

巴尔扎克也终极一生想娶得一位既有身份地位又富有的贵妇，这种功利的思想，无形中其实也受着母亲教诲的影响。

寄宿学校的生活

旺多姆教会学校位于卢瓦尔河畔，塔楼阴暗，围墙又高又厚，说它是所学校，倒不如说是一所监狱。巴尔扎克到了7岁，便被送到了这里。

旺多姆教会学校环境十分闭塞，虽然法国大革命已如火如荼地进行着，而旺多姆市的教会学校仿佛停滞在中世纪，一切都在按着中古时期流传下来的那种刻板的教育方式进行着。

授课方式又严酷又机械，教师对孩子也极其冷漠。修道院的纪律刻板而严谨。在这里，二三百个学生打从进校起，性格就处在压抑中。

这里没有假期，除非特殊情况，家长才被允许前来看望自己的孩子。在校的几年中，巴尔扎克几乎就没回过家。

学习内容也枯燥无味，令生性敏感而又不安分的巴尔扎克度日如年。最倒霉的是，巴尔扎克在这里经常缺衣少穿，时常遭受同学们的虐待和欺凌。

一到冬天，巴尔扎克就得忍饥挨冻，双脚生满冻疮。学校动辄对学生进行体罚，倔强而富于反抗意识的巴尔扎克，是被打

得最多最凶的一个。

除此之外，每当巴尔扎克以微弱的力量对制度进行反抗时，结局就是被关进一间黑黑的禁闭室中。其他淘气的孩子是抱着暖和的毛毯，在糖果等好吃的零食的陪伴下度过禁闭时光的，而被父母不管不问的小巴尔扎克只有几本书为伴。

在自传体小说《路易·朗倍尔》中，巴尔扎克对这一时期他在身心两方面所遇到的摧残作了细致的描写：

> 这孩子这样软弱，然而却又这样坚强。他尝尽了身心两方面的痛苦。像古代划船上的犯人被镣铐锁在坐板上那样，他被拴在课桌旁，挨着鞭笞，受着疾病的折磨，他的每一种器官都遭到了严重的损害。

在《路易·朗倍尔》这部自传体小说中，巴尔扎克还叙述了"另一个自我"路易·朗倍尔如何在12岁的小小年纪就锐意探究精神与肉体之间的联系，写了一篇题为《意志论》的文章，以及它如何被几个对他的"贵族式的默无一语"非常恼火而蓄意发泄的同学抢走，而最后由一个"阎王爷教师"拿去销毁的故事。

虽然人们无法考证巴尔扎克12岁的时候，是否真的写过这样一篇文章，但是可以肯定，巴尔扎克就是一个意志坚定的人，不然后来他也不会创作出《人间喜剧》这么宏大的巨著了。

在旺多姆教会学校生活的几年中，这个刚进校时脸蛋红红胖胖的男孩，在迂腐沉闷的环境和超额的作业压力下变得像小猴子一般瘦，还患了神经衰弱症。

旧式的教育制度在巴尔扎克的心灵上烙下了深深的印痕，他深刻体会到了来自冷酷的社会和呆板的教育的压抑。

在巴尔扎克的自传体小说《路易·朗倍尔》中，他愤然地抨击这种"把我们的生命摧残殆尽""我感到的只是一片空虚""精神监狱"般的学校生活。

但是，孤独无依的生活带来的并不都是坏果实，幼小的巴尔扎克以他顽强的意志战胜了生活，他并没有被父母们的专横自私和没有灵性的陈旧教育打倒。

尽管6年中，父母仅来看过他两次，尽管教师总是问不清是非就鞭笞他，尽管他孤寂无援，但他找到了一个可以相依为伴的朋友。在书籍的海洋中，巴尔扎克找到了灵魂的慰藉，在阅读中他忘却了身外的世界，寻到了无穷的乐趣。

巴尔扎克对于书本的接近正是源于这个时期。在这里，在孤寂的寄宿学校生活里，他阅读了大量的书籍，养成了热爱读书的好习惯。广泛地涉猎各方面的书籍，不但使他能抵御外来的压力，而且打下了厚实的学识基础，为他后来步入文坛做了充分的准备。

不仅如此，巴尔扎克那对于事物深刻的洞察力和敏感度，也是在这一时期得到开发和哺育的。

每当巴尔扎克全神贯注地阅读一本书时，他仿佛已感觉不到肉体的存在，而只有他的内在的官能在起着作用，其活动范围变得异乎寻常的广阔。用他自己的话说，就像"他在太空中遨游"一样快乐。

14岁这年，巴尔扎克终于因神经衰弱离开了这所僧院式的寄宿学校，回到家里。

他被折磨得如此厉害，以致他妹妹后来形容，说他像一个怔忡的梦呓的人，用茫然的凝视向前摸索走路，对人家的问话几乎听不见，只是懵懵懂懂地带着紧张的表情坐在那里。

巴尔扎克从旺多姆学校回来，这是他第一次真正与父母相处。由于长期不在一起生活，他与母亲之间的隔膜很深，彼此很难找到共同的语言。他带回的成绩单让他的母亲很恼火，拉丁文全班倒数几位，其他科目也不尽如人意。

母亲只顾得考虑他的成绩是不是优异，却全然不过问这些年来儿子是如何生活的，这让巴尔扎克更加感到失望。

过了不久，为了弥补他受教育的不足，他又被送到图尔市的一所中等学校。

1814年的春天，巴尔扎克心目中的英雄和榜样拿破仑战败，宣布退位，终身离开巴黎，到大西洋一个偏僻的小岛上度过余生。这年的冬天，巴尔扎克却随着父亲工作的调任住进了巴黎城。他将没有机会再见到他的偶像了，这让巴尔扎克的内心很苦闷。尽管他的父亲现在是巴黎第一师的军需官，可这丝毫也不能让巴尔扎克觉得有一点优越之处。

到巴黎后不久，巴尔扎克就进了利辟特寄宿学校。尽管这所学校颇有知名度，学校主持德高望重，还是老巴尔扎克的朋友，但对于巴尔扎克而言，他依然感觉自己是被抛弃、被压迫的。

父母并没有因为巴尔扎克在旺多姆寄宿学校的痛苦经历而改变对他的态度，巴尔扎克怀着一腔委屈，也无心学习。他总是在想些稀奇古怪的东西，以至于在老师的课堂上，他表现得总是心不在焉。

在《驴皮记》中，巴尔扎克借用他虚拟人物的口说出下面一段话：

在利辟特寄宿学校里，我又在另一种形式下尝到了那种以前在自己家人中间和学校里所受到的苦头。我的父亲从来都没有给过我零用钱，我的父母认为我有吃有穿，肚子里装满了拉丁文和希腊文，这就很不错了。

我在寄宿学校里逐渐认识了上千个同学，但却无论如何回忆不起父母对自己孩子这样冷漠的任何类似例子。

在利辟特寄宿学校，经常走神的巴尔扎克成绩依然很糟糕，更别说是想成为"优等生"了。父母亲不得不又把他转到另一所学校，可是巴尔扎克在这里依然是个差等生，他还是没有好好学习。这个班里共有35名学生，他的拉丁文考试成绩却是第32名。这是倒数第4名的糟糕成绩，几乎没人比他更差劲了。

长期以来，巴尔扎克的母亲都怀疑这个儿子的智力是不是有什么缺陷，因为父母为他提供了那么多好的学习环境，给他转了好几次学，给他选择了好的班级，选了好的老师。可是他还是学习不好，就像是个一无是处的废物。

现在的糟透了的成绩更增加了老巴尔扎克夫人在这方面的担忧，她并不知道巴尔扎克每天在想些什么，她更不知道巴尔扎克需要的是来自她的爱和鼓励。可是，她竟然充满绝望地，含着眼泪给自己17岁的儿子下了一道"最后通牒"：

亲爱的奥诺雷：

我实在找不出更有力量的话来向你形容，你带给我的伤害，你真是让我太失望了。我为自己的孩子们尽了我的全部心力，本来是指望着他们可以给我带来一点点快乐的！

那位善良而可敬的让赛先生告诉我，你的翻译成绩竟降到了第32名！他还告诉我，你前些日子又在顽皮淘气。因而，我所指望的往后的愉悦又都毁了。

本来明天8时我们可以见面，而你现在不肯用功，对功课漫不经心，逼得我只好任由你去受到你应有的惩罚吧！你在班级得到这样一个坏名声，我一直瞒着你父亲，因为那样的话，你礼拜一就别想出来了。

就这样，巴尔扎克"尝尽了身心两方面的痛苦"，而且被教师们视为爱幻想而不可塑造的笨孩子。这样，巴尔扎克成了后进生的代名词，老师们也懒得去答理这样一个"问题少年"。

他们几乎无视巴尔扎克的存在，在他们看来，有这样的学生简直就是当教师的耻辱。因为他总是教不上路，因为他总是有那么多不切实际的幻想，上课就像梦游一样。老师们觉得与其在他这样毫无希望的学生身上浪费时间，还不如多花心思培养那些看起来优秀的学生。

直至18岁，巴尔扎克都是过着上述这种缺恩少爱的生活。他一直不被学校所认可，一直不被家人所喜爱。他更得不到来自父母的同情与理解，他就像一个孤独的苦行者，自己一个人默默地忍受着各种各样的鄙视和嘲讽，在没有父母的关爱也没有老师帮助的情况下，巴尔扎克就这样浑浑噩噩地走过了他的童年与少年时代，并告别了中学校舍。

人生抉择

思维的运用,观念的探索,对科学宁静的沉思,给我们带来不可名状的愉快,其中的乐趣是无法描绘的。

——巴尔扎克

父母亲的期望

1816年下半年,就在巴尔扎克的母亲已经认定巴尔扎克不可救药、不堪造就时,巴尔扎克却忽然来了精神,在即将中学毕业的时候,稍稍努力了一下,竟然还算凑合地完成学业,被一所大学录取了。

假期来临,巴尔扎克离开了寄宿学校,回到了家里,家里人情如常,习惯如故。

两个妹妹斯洛尔和斯洛朗仍然在女子寄宿学校就读。亨利是家里的心肝宝贝,学校也是读了一个又一个,知识不见增长,性格也不见改变,老师对他很失望,但是妈妈却很喜欢他。

巴尔扎克的父亲保养很精心,他希望做个长寿老人,很注意与妻子友好相处,但是妈妈的脾气却更加糟糕。他们共同担心的事仍然是长子的前途问题。

"儿子进大学读什么专业呢?"这是最让巴尔扎克的父母费脑子的事。

当时,随着资本主义的蓬勃发展,经济在社会的各个领域起着越来越重要的杠杆作用。

如同大多数资产阶级暴发户的想法一样,这对很少有一致观点的夫妇,在长子发展方向这个问题上看法却达成了共识:当律师或做公证人,这是在财产大量流动的时代最实惠也最巩固的职业。

照理,结束寄宿中学的学业,应该是巴尔扎克被奴役的日子的结束,自由的曙光就在前头,他第一次有可能去做自己愿意做的事,去攻读自己喜爱的书籍。

然而，父母的意志仍然强加在这个年轻人身上，他们要求巴尔扎克不但要入大学攻读法学系，而且课余时间还得按他们的意愿，"为准备自己将来的生计"到一家律师事务所去干活。

他们认为，青年人不应当有多余的时间，他们的每一分钟的余暇都应当用来挣钱。他们认为他除了听课外，白天还应当找个职业去挣钱。

按照父母的逻辑，学习法律的巴尔扎克已置身于正途，获得学位后可在律师事务所担任助手的职务，只要勤勉地干下去，再娶一位有地位的阔人家的女儿成婚，安居乐业，总有一天会在上层社会有一席之地，成为社会的表率的。

这段时间，巴尔扎克那削尖脑袋想进入上流社会的父亲，会笑得更加爽朗，即使他那精于钱财又十分严厉的母亲，提到儿子也是满脸光彩。至于，儿子在想些什么，他们根本不去关心，也不屑于关心。

其实，此时的巴尔扎克早已经对未来有了自己的想法，但是为了讨父母亲欢心，在未来职业的选择上，他还是接受了父母的建议，于1816年11月，他正式成为了大学法律系的一名学生。

即便如此，年轻的巴尔扎克兴趣仍在文学上，他常常在索邦学院听课。他还热衷于哲学方面的思考，写过《关于哲学和宗教的札记》《论灵魂不朽》《论人》等论文，从中可以看到他深受启蒙学者的影响，具有无神论倾向。他对哲学问题的兴趣持续了一生。

那个时候，在学校里，巴尔扎克最喜欢去的地方就是图书馆，因此图书管理员们都知道这个身材魁梧的，面相虽然不够俊朗，但是求知若渴，总是忽闪着一双满含热情的眼睛的大男孩。

有一次，在图书馆里，巴尔扎克看到了几本自己特别喜欢的好书，内心感到非常兴奋。他望了望四周，阅读室的座位已经都坐满了前来读书的同学们，暂时看不出哪里还有空的位置。

于是，巴尔扎克就和其他没有座位的同学一样，挨着书架的一个角落坐了下来。坐在地上的巴尔扎克，如饥似渴地阅读起书本来。不知道过去了多久，1页，2页，10页，20页，100页，200页……

当巴尔扎克把自己的头从书本中抬起来的时候，他才发现身边的同学已经都走光了，图书室的门也不知道什么时候关了，只能在阅读室里过了一夜。

当巴尔扎克的《人间喜剧》深入人心后，人们都很奇怪，不知道巴尔扎克是怎样构思出《人间喜剧》这样庞大的作品的。其实，这种思维模式也是来源于求学时期的一次经历。

早在中学的时候，巴尔扎克就很喜欢自然科学中的生物学，到了大学以后也经常会看这类的书籍。时间久了以后，巴尔扎克的心中慢

慢萌生一种想法："社会科学中的各种社会现象，是否也按照生物学的那种研究模式划分呢？"

上了大学以后，这种想法仍然停留在他的脑海中。于是，有一次，在学校旁边一家门面很小的咖啡馆里，巴尔扎克与一些学医学和化学的同学攀谈起来。

人们听了巴尔扎克的想法，都肯定他的观点，认为社会现象其实也是一个可以分门别类去研究的学科，很多社会现象在本质上都是有着一定的共性的。

其中，一个医学系的教授甚至神秘兮兮地告诉巴尔扎克："我要告诉你一个秘密，那就是思维其实远比肉体更有力，它甚至可以吞噬、吸尽、消融掉肉体呢！"

大学实习生活

上了大学,巴尔扎克如父母所愿,当了一名法学科学生。随后,通过父母的关系,巴尔扎克又来到大律师麦尔维耶的律师事务所当秘书,干些类似于抄写的杂差使。

在事务所,巴尔扎克生平第一次看到听到那么多家庭悲剧和庭下交易。一些明明是犯了某种罪行的案犯,由于其特别的身份和特殊的位置,有富足的口袋,享受着所谓的"不受惩罚"的恩惠;而那些经济拮据和没有背景的平民却会因为一丁点的罪过而遭遇牢狱之灾。这些后来都成为他创作的素材。

这家律师事务所的老板麦尔维耶先生慧眼独具,十分赏识巴尔扎克的才干。

他认为这个年轻人本性纯良、精力充沛、天性乐观并且思维敏捷,对一些事情和问题的看法都非常深入透彻,远远超出他这个年龄的认识,一定会是个很有前途的青年,所以即使两个人的身份和年龄都要差很多,麦尔维耶先生仍然和巴尔扎克成了莫逆之交。

巴尔扎克对他衷心敬佩、感恩戴德,后来以明智又富有才干的律师德尔卫的形象将他写进了《人间喜剧》。

置身于司法界,巴尔扎克一开始是很高兴的。他觉得最满意的是,在这种新的工作中,能有机会深入了解人间的众多惨事。这类悲剧在大人物之间或平民阶层都有,这里面有刻骨仇恨、阴险争斗、妒忌积怨、强取豪夺,各类的鬼名堂应有尽有。

在这里巴尔扎克学到了诉讼程序中的奥妙,而且还了解到,特别是明白了人们命运中的时而使人发笑、时而令人伤心的方方面面。

一捆捆的材料，在他眼里就是一本本小说，是一批批活生生的会呼吸、受磨难的怪诞的众生相。

巴尔扎克在事务所里，与那些年轻的、没钱的、厚颜无耻的和爱逗乐的见习生，一起学习司法上那套阴谋诡计。

如果说公证人办公室是家具磨光、护壁讲究的殿堂，那抄写员工作的大厅却是像穷人的杂物储藏室一样灰尘满地，废纸糨糊成堆。

事务所的年轻人为了忘记这种阴森恐怖的气氛，玩着顺口溜游戏。这其中，巴尔扎克是玩得最好的一个。他天性幽默，逗人发乐的本领在事务所里是第一名。

自从巴尔扎克到这家事务所做实习生，事务所内的笑声就不曾断过，这个年轻人总有取不尽、用不竭的笑话。人们常常因为巴尔扎克的说笑而导致耽误手里的工作。

以至于后来，每当事务所内业务繁忙的时候，老板就会派人送一张便条给巴尔扎克，上面写着"巴尔扎克先生今天不用来了，因为今天工作很多"。

也是在这间事务所里，巴尔扎克从法典和案例里渐渐看到了法国当时社会的种种人间百态。在那些数不尽的民事诉讼案中，充分暴露了人与人之间，不管是父母与子女之间、夫妻之间、兄弟姐妹之间抑或是情人之间、朋友之间、债主之间因为争夺财产所表现出来的丑恶灵魂。

巴尔扎克痛恨法律的虚伪，后来在他的笔下把它撕开，赤裸裸地展示给人们。《夏倍上校》中的诉讼代理人但维尔说，我们的社会上有三等人：教士、医生和司法人员。这三等人都是看破人世间上演的悲喜剧的，他们都穿着黑色衣服，或许这本身就是为了哀悼所有的德行和所有的幻想。

然而，三等人中最不幸的莫如诉讼代理人。一个人去找教士，总由于愤恨的督促、良心的责备、信仰的驱使，这就使他变得伟大，变得有意思，让那个听他忏悔的人精神上感到安慰。所以，教士的职业并非没有一点乐趣，他做的是净化的工作、补教的工作、劝人重新皈依上帝的工作。

只有当诉讼代理人的最无用处："只看见同样的卑鄙心理翻来覆去地重演，什么都不能使他们洗心革面；我们的事务所等于一个没法清除的阴沟！我执行业务期间，什么事都见过了！我亲眼看到一个父亲给了两个女儿每年40000法郎进款，结果自己死在一个阁楼上，不名一文，那些女儿理都没理他！我也看到烧毁遗嘱；看到做母亲的剥削女儿，做丈夫的偷盗妻子，做老婆的利用丈夫对她的爱情来杀死丈夫，使他们发疯或变成白痴，为的是要跟情人消消停停过一辈子。"

"我也看到一些女人有心教儿子吃喝嫖赌，缩短寿命，好让她的私生子多分得一份家私。我看到的简直说不尽，因为我看到很多为法律治不了的万恶的事。总而言之，凡是小说家自以为是凭空捏造出来的丑事，和事实相比之下真是差得太远了。"

巴尔扎克初涉社会，就在诉讼代理人事务所上了一堂生动的、深刻的课，这一课给他的印象太强烈、触动太大了，为他之后进行现实主义的创作，毫不留情地揭露社会的阴暗、虚伪、丑恶提供了素材。

这一切，渐渐地让巴尔扎克感到厌恶，律师、法官、公证员衣着光鲜、体面严谨的形象在他的心中不再像从前那样高大和令人艳羡了。纠缠在繁杂琐碎的各种纠纷中，让他感到越来越不快乐。

在这个年轻人的灵魂深处，有一颗被压抑的、急于想宣泄的种子在暗暗发芽。

毕业后的抉择

两年后，巴尔扎克获得了学位，巴尔扎克的父母希望他成为公证人，并且为这个年轻的小伙子铺好了未来的路。所以，他很快被介绍到公证人巴赛的身边任下手。这件事情，对他父母来说，简直是太高兴了。这是一件有固定收入、有体面地位的工作。

如果按这样工作下去，一旦巴赛先生告老或死亡，他便可以沿着这条人生的坦途走下去，最后将成为给全家争光、有着稳定收入、受到人们尊敬的律师了。

谁知，巴尔扎克偏偏不知好歹、不识时务。酷爱自由的巴尔扎克，不愿每天重复做这种刻板机械的办公室的单调工作。

他过够了这种没有自由空气的日子，他要追求自己向往的生活。事实上，从7岁起，巴尔扎克就一直在听人摆布，过着别人给他安排的生活。

现在，他大学毕业了，多少年来一直被压抑着的怒火，顿时在他心中爆发了。

正当老巴尔扎克夫妻梦想着自己的儿子有朝一日可以拥有体面的职业、稳定的经济来源、大展宏图的时候，这个一向不讨他们喜欢的儿子却违背了他们的心愿。

在1819年春天的一个日子里，他突然从律师事务所的椅子上跳了起来，把那些堆放在桌子上的案卷轰然推倒，抬起那颗雄狮般的头颅，声明他无论如何也不再当一个录事、律师，甚至审判官。

他不想担任资产阶级的任何职务，他已经立志当一个伟大的作家，要以他的自由去获取进行文学创作的自由，以他的作品去赢得他

的自由和独立。

他毅然决然地放弃了律师事务所的工作，有生以来第一次昂起他那高傲的头，而且一生中再也没有向命运低过头。

"我的前程由我自己选定，决不为父母所左右！"巴尔扎克以不容商量的语气告知父母。

巴尔扎克掷地有声的声明如同一颗炸弹，把父母搞得晕头转向，引起极大的震动。也许是遭受挤压得太久的缘故，巴尔扎克有生以来的第一次反抗就格外强烈，格外地让家人感到惊世骇俗、难以接受。

"他居然要放弃一个有保证的职业，放弃自己的前程，把一生耗在一个靠不住的写作上，太异想天开了！"母亲大失所望地哭喊道。

在父母看来，这个庸碌的家伙，竟然决定投身于创作，一种十分不靠谱的行当，是十分不明智的。这不仅因为作家的前途暗淡无光，没有可靠的收入，生活将没有保障，而且自己的儿子哪里显现过作为一个作家的那份天赋？

且不说自己的家庭没有那些世袭的奢侈的藏书供他从小浏览，也不说当父母的没有遗传丝毫的创作基因，单就从这个不孝顺的年轻人过往的表现来看，他哪里表现出过哪怕一点点创作的才能？

谁会读过他创作过的一篇简练的文章？本地报纸上何时刊登过他写的一首诗？

凡是他就读过的学校，他的名次总是排列在笨货堆里，就连拉丁文考试的成绩也只是32名，而全班却只有35名同学！数学的成绩就更不用提了，何况数学还是每个诚实做事的人所应该有的最要紧的学问！现在，他却口口声声说要做"最伟大的作家"，这简直太不自量力了！

在这对身为小资产阶级的父母心中，他们的儿子，这个身为令人尊敬的萨拉比耶家的外孙，这个姓巴尔扎克的人做份体面安稳的工作是最合适的。

像作家那种缥缈的、朝不保夕的行当，应该是养尊处优的富家子弟们把玩的事业，像巴尔扎克出身的这样的家庭是不可能提供给他任何支持的。

更重要的是，巴尔扎克宣告的这份声明还来得很不是时候，此时，老巴尔扎克先生的财务正陷于一种十分拮据的境地。

封建王朝的再次复辟使得欧洲的战争告一段落，因而那些在拿破仑时代里靠打仗发财的人们，从前所依附的根基如今只能被掘掉了。对于一个承办军需和发战争财的人来说，这正是不景气的时候。

老巴尔扎克一年8000法郎的肥薪也已缩水成极为菲薄的数字了。尽管家里还有不少存款，并且生活得还算舒服，但自然不能与从前相比。

在当时的法国小资产阶级之间，人们遵守着一种比国家法律还严格的不成文的准则："遇到每一笔收入减少时，必然立刻加倍节省以与之相抵。"

此时，可谓是巴尔扎克全家人经济上的"紧缩期"。像老巴尔扎克夫妇这样处处务实的典型小资产阶级家长，向来是以"未雨绸缪"、量入为出为原则的。

他们决计放弃巴黎舒适宽敞的住宅，搬到距离巴黎20英里的小镇上去生活，在那里他们的生活成本将降低很多，只是居住起来比较不显眼些。

然而，就是在这个唯一的特殊时期，他们这个胸无城府的儿子却提出这样的一份声明。

本来，父母还指望这个儿子不要他们负担，或许还能够在体面的行当中挣点钱补贴家用来着，而现在，猛地听巴尔扎克放弃律师的职位不做，却要去当什么作家，这是他们根本不曾考虑过的。

在父母看来，这骇人听闻的声明意味着：这没出息的儿子还希望父母在他"游手好闲"的状况下接济他，供他"挥霍"，这让人怎么接受得了呢?

然而,不要以为巴尔扎克的作家梦是一夜之间产生的。事实上,他早就对文学产生了浓厚的兴趣,只是一直没有人注意到他的爱好而已。

早在少年时代,为了忘记孤独和困惑,巴尔扎克就如饥似渴地在寄宿学校的禁闭室等地方大量地阅读文学作品,他还曾经尝试过写作,寄宿学校的孩子们还送给他"诗人"的绰号呢!

在巴黎读法学时,他旁听了巴黎大学的文学课,并找一切机会大量地读书。

后来,人们谈论这件事时,都奇怪他哪来的那么充沛的精力,既要完成专业学习,还得到律师事务所当录事,居然挤得出时间一头扎进心爱的文学世界中去。

对从未真诚地关心过巴尔扎克的父母来说,他的这一宣言似乎太轻率了,殊不知,这是他把酝酿于内心多年的决定告知家人,也是把他的理想公之于世。

这不是青年人的逆反心理使然,也并非一时冲动,而是一个人人生目标的确定,是一次毅然决然的选择而已。

这时的巴尔扎克也许还不能预料到自己会有怎样的前程,甚至对于自己的才能也没有真正了解,但他的决心下定了:成为伟大的作家,百折不回!

达成父子协议

为了劝说儿子回心转意，老巴尔扎克夫人近乎歇斯底里，软的硬的，啼哭与威胁，所有能施展的手段她都试了一遍。她坚决地反对道："不行，不能让你这个从小就不成器的蠢东西为所欲为，你得为这么多年来付出的教育费负责，那可是父母的血汗钱。"

说这话的时候，这位母亲的眼睛里几乎要喷出火焰来，她怒瞪着面前的儿子，认定了这个儿子就是自己的冤家。

她嗤之以鼻地说："当作家是要有才能的，你明显没有这方面的才干，这岂不是要自蹈死地吗？"

老巴尔扎克夫人原来以为，这个从小到大挺老实的孩子在自己锲而不舍的阻拦下，应该会屈服的吧！

然而，她决没想到，以前屡试不爽的手法第一次失效了，而且这一次是彻底的失效。巴尔扎克这次是不撞南墙不回头了，无论母亲是如何地动之以情、晓之以理，他坚决没有屈服的意思。因为巴尔扎克知道，这一次，他如果不抗战到底，以后就没有自由可言了。

最后，母亲只得放下狠话："你从今以后休想再得到任何接济，除非走正道！"

巴尔扎克的父亲，一生换了不下 10 个职业的老巴尔扎克还比较豁达，他认为不妨让儿子试一下。"干吗不随他去呢？"他只是轻微地埋怨了一句，恐怕在儿子身上他还带着欣赏的目光注视到了自己早年的影子。

巴尔扎克的妹妹斯洛尔也偷偷地站在哥哥的一边，一方面是因为她自己本人对诗歌有着一种罗曼蒂克的热爱；另一方面，女孩子也认为如果有一个出名的哥哥可以大大地满足自己的虚荣心。

亲戚们碍于父母的关系,对这件事表示既震惊又不屑,但是他们的否定对巴尔扎克是没有意义的,更别提动摇这一决定了。

经过相当长时间的争执,父母终于没能犟得过儿子。最后,还是父母亲这边退了一步,于是,父亲与儿子达成一个协议,协议大致是说:巴尔扎克可以去试一试自己的创作才能,看一看是否有可能成为一个大作家。至于如何去做,那是他自己的事。

家里对这件不抱多少希望的计划,只能投入一笔极其有限的资金,期限为两年。如果两年中他创作不出足以使他成为伟大作家的作品来,他必须重新坐到律师事务所的位置上去,没有任何讨价还价的余地。

合同规定两年中父亲每月提供给巴尔扎克120法郎,平均每天4法郎,这在当时也是最低生活水准的数目。

要靠这每天4法郎的经济接济,在花花世界的巴黎,坚持两年的生活,而且要创作出伟大的作品,条件是这样的苛刻,可是巴尔扎克仍然毫不迟疑地接受了。

因为这4法郎,买来的是他一天24小时的自由,这2800法郎,买来的是他两年自由。这自由,换来的是他毕生的追求。

一个未来的伟大作家揣着有限的生活费登上了艰难的征途。

为了不使"家丑"外扬开去,母亲对外声称,儿子由于健康原因到南方一个表兄弟那里暂住了。

老巴尔扎克夫人仍然愿意相信,要不了多久,这个不听话的孩子就会把这次荒唐的选择,当作一次转瞬即逝的幻想而抛掉。她想,也许这个不孝的孩子不久就会发觉自己的愚蠢,那么就没必要告诉人们事实的真相了。这可是要损害儿子的名声,甚至影响他的婚姻、前途,而且说不定会在律师业务上失掉一些主顾呢!

同时,老巴尔扎克夫人还想到可以用艰苦的生活逼迫儿子回头。

她想象着,如果巴尔扎克过上挨冷受冻的日子,他马上会怀念家里的舒适环境和律师事务所的温暖的火炉的;只要让他勒紧裤腰带过上一天,他就知道自己的计划是多么不切实际了;当他的手指冻得握不住笔的时候,他就会不战而退,乖乖回到律师事务所上班去。

为了达到软化儿子的决心和破坏儿子意志力的目的,这位夫人在巴黎的一个简陋的街道上找到了一个"合适"的住处给巴尔扎克。

"既然你决心已定,我就不再拦阻你了,这是我唯一能为你做的,莱斯堤尼尔街9号,明天你就可以搬过去办公了。"

母亲说这话的时候,带有某种威严的口气,眼睛里闪过一丝狡黠的光芒。

巴尔扎克接过母亲递过来的房卡,心中激动不已。"我的新生活就要开始了!"他在心中呐喊道。

第二天,巴尔扎克带着简单的行李早早出了家门,他坐上了驶往巴黎的公共马车,向自己的新生活进军了。

开始写作

挫折和不幸，是天才的晋身之阶、信徒的洗礼之水、能者的无价之宝、弱者的无底之渊。

——巴尔扎克

第一间工作室

到了巴黎后，巴尔扎克在一条狭窄的街道上找到了那条几乎是全巴黎最脏、最乱、最破旧的房子。他自己的住处就在这座房子顶层的阁楼上。

巴尔扎克小心翼翼地拎着行李，走在又窄又破的楼梯上，这里的光线暗得很，到处弥漫着霉臭的气味。爬到顶楼后，巴尔扎克看见一扇已经损坏了的，由几块木板草草钉起来的房门，这就是自己的工作室了。

打开门，巴尔扎克在黑暗中摸索着，进到了这间低矮昏暗的阁楼里。

"上帝啊！"虽然出门的时候，他已经猜到母亲不会为自己租什么像样的房子，但是眼前的景象还是足够令这个军需官的儿子为之感慨。

巴尔扎克注视着眼前的这个小屋，这显然是一个冬天寒冷夏天燥热的屋子，不足 10 平方米的样子，四壁徒然，斑斑驳驳，屋顶低得好像就要撞到自己的头，到处都是灰尘。

还好有一扇沿街开着的窗户，虽然这窗户是那样的狭窄，但是从这里却可以俯瞰到巴黎穷人区一片片灰暗的屋顶。

尽管面前的景象如此破败不堪，这个年轻人还是一下子接受了这个小格子间。"终于可以做自己喜欢的事了，艰苦算得了什么呢？我一定会成功的！"巴尔扎克这样劝慰着自己，感到干劲十足。

巴尔扎克很清楚母亲的意图，故意把他打发到这个牢房似的小房子里，其实就是想让自己知难而退，重新回到律师事务所去，过他们安排好的生活。那她可是太不了解自己这个倔强的儿子了，这可是一个坚定执着的年轻人啊！

如今，莱斯堤尼尔街9号的房子已经是踪影全无了，人们不能亲眼见证这个伟大作家第一间工作室的凄凉和破旧，还是多少有点可惜。

第二天，巴尔扎克从家里带来一些工具，开始维修这个将要生活两年的阁楼。他加了几块木板把门窗重新钉过，又裱糊了斑驳的墙壁，修缮了屋顶的瓦片，并且打扫了卫生。通过和母亲协商，巴尔扎克从家里的杂物间搬来一张又硬又平的硬板床，一张覆盖着破旧皮革的小橡木桌子，两把旧椅子。本来，他还想租一架小钢琴来着，但却被母亲坚决地拒绝了。

过了几天，由于缺少生活用品，巴尔扎克只好写信给家里"乞讨"。后来，他还有幸弄到一件雕刻和一面镀金的方镜，像模像样地装点了自己的陋室。

从此，这个青年人就蛰居在了这间简陋的破屋里，成了这里的一名隐士，开始了他的僧院式独居生活，既是自己的主人，又是自己的仆人，精打细算地使用着每月父母供给的120法郎。

他每天3个苏的面包，2个苏的牛奶，3个苏的猪肉就能使他不致饿死，并能使他的精神状态保持分外的清醒。

在巴尔扎克的《驴皮记》中，他以自己的生活为参照写下了这些话：

> 再没有什么东西比这阁楼更令人讨厌的了，墙壁又脏又黄，一股穷酸气，房顶倾斜，几乎碰到了地板，从松散的瓦片间可以看到天空。
>
> 我每天在住处上要花掉3个苏，在夜间用的灯油上又要花掉另外3个苏。我自己收拾房间，我穿的是法兰绒衬衫，

因为我付不起一天2个苏的洗衣费。

每天早晨我从圣米歇尔广场的喷泉把水打来，就是在这种贫困和蛰居的方式中，我度过了那修道院式的孤独生活的头10个月。我自己既是主人，又是仆人。我以无法形容的热情，过着一种清教徒式的生活。

冬天的时候，这破楼顶房的寒冷是可想而知的，可是他一天只用2个苏去买煤，比灯油钱还少。在他看来，工作是比生活更重要的。在冷得实在是不能忍耐的时候，他就几天不下床，坐在被窝里工作。

在惊人的寒冷和疲劳中，他不敢休息片刻。虽然营养匮乏，他不敢多花一文钱为自己买一点吃食。当每个苏从他的手中花出去的时候，他都得在手中反复摆弄半天，掂量着它的价值，看这一个苏用得值不值。

巴黎的夜晚在这个季节降临得很早，下午3时巴尔扎克就不得不将油灯点亮，漫漫长夜，陪伴他的只有那寒冷的孤灯，但年轻人的热血温暖了阁楼中的空气，那痛苦的夜也就变成了以后甜蜜的回忆。

从那时起，巴尔扎克就爱上了夜的气息，天空、大地、人群、都市都在沉睡，而缪斯诗神降临在他的眉梢、笔尖，撩动他的心思，润湿他的笔尖。是的，唯有她，这可爱的诗神，不论贫穷或富贵，从没有抛弃他，始终爱他，伴随在他身旁。

此时，若从物质条件来看，巴尔扎克过得的确十分艰苦。但是，从精神方面来说，他却又无比的富有，他拥有了20多年来所一直追求的自由。

这个年轻人节衣缩食，过着如此清苦的生活却毫不在乎，在很多人眼里觉得不可思议，而他的意念其实很简单，那就是一定要成功。正像《驴皮记》中所写的：

> 一个预感到有美好前途的人，当他在艰苦的人生大道上前进时，就像一个无辜的囚徒走向刑场，一点也不用羞愧。

这简陋的生活条件，让他获得了如此巨大的精神满足，这也许是他的母亲所始料未及的。

开始的时候，巴尔扎克心猿意马、举棋不定：他尝试过悲剧，又起草过文学评论，又试着写一些诗歌，却总是才开了一个头，就写不下去了。

他整理了从前写过的文字，那些东西现在看来书写得太简略潦草了，还有些东西，自己浏览了一下题目后，也不禁笑出声来。很显然，那些"关于灵魂不朽的笔记""关于宗教的笔记"等，与文学创作根本不搭边。

他想到顺着布尔东大马路一直向前走就是图书馆，"对呀！为什么不到那里去寻找点题材呢？"于是，他又成了那家图书馆的常客。

日子一天天过去，巴尔扎克孜孜不倦、按部就班地练习着自己的文笔，在他的心中已经有了一些想法。巴尔扎克发现，这些并不舒适优雅的环境，如果换个视角来看，原来有着许多别致的美丽。

他以愉悦的心情欣赏着他的楼顶小屋，这是他的住所，是他的空间。这里的一切，都是属于他的。房间里那个窄小的窗口是巴尔扎克与外界相通的孔道。从这里，他能放眼远眺。

他看到的是一片屋顶的海洋，它们色彩斑斓，有深棕、暗灰、紫红、墨绿。那高低错落的屋脊，是这海洋中涌起的层层波浪。

有时，在某个屋顶花园的花丛中，他可以看见一个老妇的清晰和佝偻的轮廓，她正在旱金莲上浇着水；运气好的时候，他还能看到一个俏丽的姑娘，她正在一个顶楼上梳妆。

更多的时候，这位作家是凝视屋顶落水槽中那些朝生暮死的植物，思考生命的意义；或者凝视着被一阵疾风吹到高处的可怜的杂草,悟出一些哲理;或者望着墙壁缝隙里长出的鲜绿苔藓和一堵山墙上爬满的生机勃勃的常青藤,享受舒适的心情。

在这间囚室里,作家研究起那些苔藓和雨后它们生气勃勃的颜色,它们被太阳一晒,就变成了干巴巴的丝绒,在古怪的明暗中显得有些棕褐。秋天一到,这些绿叶又会变成美丽的、火焰一般的秋香色。

巴尔扎克终日蛰居在小阁楼里,他把它称作牢房,并说他爱他的牢房,它是他自愿坐的监狱。有了从事创作的简陋设备,巴尔扎克就心满意足了,何况有时他的想象力把他带走得很远,这些环境在他眼里似乎已不是真实的存在。在《驴皮记》里他曾经写道:

> 我记得有时候曾经心情舒畅地把面包蘸着牛奶吃,独个儿挨着窗子呼吸新鲜空气,浏览由棕色、灰色、红色的屋顶构成的景色,这些屋顶由白石板或瓦片铺成,上面长满黄色和绿色的苔藓。如果说开始时候,我感到这景色有点单调,不久我便发现这里有不少奇特的美。
>
> 有时候,在晚上,从关不严的百叶窗投射出一道道光线,使得这个奇异国度里的一片漆黑产生了色调的变化而活跃起来。有时,苍白的街灯,透过雾露反射出淡黄的亮光,在街道上形成无数微弱的光波,使这一片鳞次栉比的屋顶,看上去像泛起不动的波浪的海洋。

总之，有时候，在这个阴郁的荒漠里，偶尔也出现一些人物的形象：在某个空中花园的花朵中间，我曾看到一个正给金莲花浇水的高颧骨、钩鼻子老妇的侧面，或者我透过一个窗框已腐朽的天窗，看见有位少女在梳妆，她自以为只有她一人，实际上我也只能看见她漂亮的前额和用一只美丽的手臂托起的长发。我欣赏一些短命的野生植物，这是不久就要被一场大雨冲走的可怜的野草！

我也研究长在屋顶上的苔藓，发现它们的颜色会因下雨而更加鲜艳，在炎热的太阳光下却干燥得像一片棕色的天鹅绒，反射出变幻无常的色彩。总之，这些白天的瞬息即逝的诗意印象，雾霭的哀愁情调，阳光的突然照耀，黑夜的静寂和幻感，朝霞的神秘，每个烟囱飘起的轻烟，这个神奇的自然界的一切偶然事态，对我来说，都已经很熟悉，给我带来乐趣。

这个由无数平坦的屋顶构成的巴黎的荒原，它的下面却掩盖着一座人间地狱，这对我的心灵倒还合适，而且和我的思想也还协调。科学的沉思曾经把我们引导到天上，当我们从高空下降尘寰，突然再看到这个人世的时候，实在令人感受到厌倦；于是我便完全体会到了修道院淳朴生活的妙趣。

总之，在孤独生活中所发生的很少引起世人关注的那些琐屑事儿，却是巴尔扎克的巨大安慰，能引起他无限的遐想。他是被某种观念所俘虏，被关在一种思想体系里面，却又被一种光荣生活的远景来支撑着的。

每当他克服了一个困难之后，他就会吻着心目中想象的那位优雅、富裕、眼睛很美的妇人的温柔的双手。

巴尔扎克慢慢熟悉了身边的一切，并且开始浮想联翩。不久，巴尔扎克就发现自己爱上了这间"囚室"。

工作之余，他还会来到街上，呼吸新鲜的空气。他常常夹杂在巴黎街头众多的人群里，听他们关于生活的谈话，观察他们的举止，研究他们的内心，思考他们内在的意蕴。这能让他得到不少的启发和教益，从而对事业更加充满信心。

> 我的观察方法给了我一种能力，可分享我的对象所过的生活；他使我能够置身于他的地位，犹如《天方夜谭》中的托钵僧，只要他对谁一念魔咒，他就能摇身一变，换上了那个人的外形和灵魂。
>
> 在这里你能看到那么可怕，然而又是多么美妙的东西，单凭想象是无法知道隐藏在这里从未被人发现过的现实。一个人必须深入其中，才能发现这光怪陆离的戏剧，这些悲剧或是喜剧，这些应运而生的杰作。

巴尔扎克常去圣安东尼郊区，观察那儿的活动、那儿的居民和那儿的性格。在《法西诺·卡纳》中，他写道：

> 我穿得同当地工人一样差，在外表上随随便便。我能混在他们当中，使他们对我毫无隐瞒。我能加入他们一伙，看他们购买东西，谛听他们下班后回家途中的谈话，这种观察不久就在我身上变成了直觉；我能洞察他们的灵魂，而同时并不影响注意他们的外表，或者说，我已把他们的外表非常彻底地把握住，以至于立刻就把他们的底里看透。
>
> 我的观察方法赋予我以才能，使我也能感受到某一位个别人的生活，跟他自己一样；这种方法使我可以置身于那人的地位，就像《天方夜谭》里那位托钵僧，只要他对谁一念

魔咒，就可以取得那个人的外貌和灵魂。

我时常会碰到一个工人和他的妻子一起从昂比居喜剧院回来，我兴味盎然地尾随他们，从卷心菜桥大街一直到博马舍大街。起初，这些厚道的人谈论他们看过的那出戏，逐渐地他们谈到家事。

做母亲的一手牵着孩子，既不听孩子的埋怨，也不听孩子的要求；这对夫妇在计算第二天雇主会付给他们多少工钱，他们有各种各样的花销。于是谈到家务琐事，抱怨土豆价格太贵，冬天漫长和黄油块涨价，提醒切记还欠着面包店的钱；末了，讨论激烈起来，他们俩言语生动，展示出自己的性格。

听着这些人说话，我能领会他们的生活，感到他们的破衣就披在我肩头，我脚上就穿着他们的破鞋走路；他们的愿望与苦难浸入我的心灵，或者说我的心灵走进了他们的愿望与苦难。正像一场醒着的梦，我跟他们一道，冲着那些虐待他们的雇主，冲着各种各样、用来逼迫他们反复多次才能拿到工资的恶毒诡计，感到怒不可遏了。

我自得其乐，一是放弃了自己的习惯；二是在某种道德力量的陶醉下转化成为另一个人；三是一有兴致就随时做此游戏。我哪里来的这种天才呢？是不是第二视觉？是不是一种如果滥用就会发疯的气质？我至今不曾探索出这力量的来源。我当时据有了它，而且也利用了它，如此而已。

从这时候起，巴尔扎克就能把人民的那个综合集团的成分，深入分解成若干组成部分。他了解他们，并且能够判别出来他们的气质好坏。他深知圣安东尼郊区对于他的重要性，这个革命的温床，有它的英雄、发明家，有实践智慧的人，流氓与罪犯，美德与邪恶，一切的一切都陷于忧患，落于贫困，沉湎于葡萄酒，毁于白兰地。巴尔扎克感慨地写道：

> 你简直不能想象，在这一痛苦的区里展开过多少数不胜数的奇遇而无人注意，有过多少立刻就被人忘却的戏剧！在这儿能够看到多么可怕，然而又是多么美丽的事情啊！再丰富的想象力也决不能洞察隐藏在这儿，从未被人发现过的事实。你一定要深深潜入，才能发现这些非凡的戏剧，这些悲剧或喜剧，这些产生于机遇的杰作。

巴尔扎克在囚室里苦读苦思，深入生活，观察周围的人和事物，为创作做好了准备。

在《奥诺丽娜》一书里，他说：法国人怕出门的心理和英国人爱出门的心理可以说不相上下，两个极端也许都有道理。走出英国，随处都发现胜过英国的东西，但要在法国以外找到法国的韵味就极不容易了。这足以看出，他对眼睛里所看到的一切的热爱。

巴尔扎克在莱斯堤尼尔街9号的日子，也不时有访客到来。每到星期天，巴尔扎克就会在他的小屋里接待绰号叫"皮拉特"的小老头达布朗，他常常带来一些城里传播的新闻，那些属于"二流人物"的近邻的事，他们都是善良的市民，家里都有很漂亮的女儿；房主也不怀疑住在小阁楼的房客是位文学奇才，总之，邻里们对他都很亲切。

如果达布朗有几个星期天不来看他，希望知道小道消息的巴尔扎克就会友好地责问："你这个不守信用的老头，我有16天没见到您了，这不好，只有您才能给我安慰。"

但他最高兴的事，还是收到斯洛尔的信，信是科曼大妈定期送来的。斯洛朗也给哥哥写信。

姐妹俩都很浪漫和爱开玩笑，她们急于揭露陈词滥调，表示了她们自己的独立判断。她们很信得过巴尔扎克。特别是斯洛尔，她的来信总要问到巴尔扎克的工作进度，"伟大的作家，你的大作进展如何啊？"

这样的话，总能撩起巴尔扎克的兴奋，他为有人关注他感到开心。他激动地告诉斯洛尔："等着吧，用不了多久，你的哥哥将成为法兰西最伟大的作家。"

他向斯洛尔宣布，他正在搞大部头著作。他说，"他只能慢慢思索，慢慢地安排，慢慢地啃，慢慢踱步"。他用了大部分精力去学习，学习别人的技巧，同时也寻找自己的题目。

在这一段日子里，他除了研究与发展自己的风格外，什么也没有做。他把研究和发展自己的风格，看得比什么都重要。但是，两个月过去后，他仍然没搞出什么名堂。

巴尔扎克急得像热锅上的蚂蚁。他萌发了一种想法，他"要表达出一种思想，要创立一个体系，要阐述一门科学"。可是，该写什么，怎么写呢？

发热的脑子里充满了各种方案，塞满了奇思怪想，但他一个也抓不住。他只好把随身携带的过去的"作品"拿出来翻看，或许能从中找出灵感。但这些东西，内容不是讲义，就是读书札记或者是一些乱糟糟的草稿，他不断地手忙脚乱地翻找，也不能确定写什么好。他索性又把这些东西丢置一边，静静地苦思冥想，但两个月一晃过去了，他还没有最终确定写什么。

他首先意图写一本《论灵魂不灭》，为的是证明这种不灭不过是诡计。他也想写《评诗才》，为写这本书还做了许多笔记。他很热心地阅读斯宾诺莎《伦理学》的一个译本。

经过深思熟虑后，巴尔扎克认为哲学著作不会给他带来荣誉与金钱，而他很需要这两样东西，如要获得这双重奖赏，还是投入到小说或戏剧事业比较好。

为此,巴尔扎克"几乎要失去理智了"。不过,有一点他在脑子里是清晰的,即不能像在大学读书时那样写哲学作品,因为这玩意儿太耗心血、太费时间,又不赚钱。另外,他认为小说也不适合他写。琢磨来琢磨去,他感到只有戏剧才是能发挥他天才的领域。

一方面,当时那些历史的、新古典派的戏剧有市场;另一方面,戏剧只要写得好,赚钱比其他文学形式要来得快、来得多。于是,他又跑图书馆,把当时流行的德国戏剧家席勒、意大利戏剧家阿尔费亚利、法国剧作家玛利·约瑟夫·谢尼埃等人的作品一一借出来,仔细研读、模仿,1819年9月6日,巴尔扎克终于敲定了,准备写一部5幕诗体悲剧《克伦威尔》。

他写信告诉斯洛尔:"如果你知道我现在在写什么,你准会吃惊得发抖,我已决意写一部伟大的悲剧。懂吗?伟大的悲剧。"

这是一部古代帝王克伦威尔的诗体历史剧,名字就叫《克伦威尔》。他计划用两年的时间去写作,然后进行修改。他的压力是很大的,一方面是对自己才能担心,一方面又为母亲给他限制的两年期限担心,可以想象,在这种压力下写作心情会是个什么样子。

而且,他又是初学写作,过去写的那些东西都不是正正式式地从事写作事业的作品。而现在是真正把它当成自己终生的工作了,写作时的心态当然是不能相比的。在这重重的思想、精神、物质的重压下,要写出一部历史题材的诗剧,谈何容易。

但是,他不怕这一切,他在给妹妹斯洛尔的信中说:"即使在这个尝试中使我垮了台,我也决计要完成我的《克伦威尔》。在妈妈到这儿来要我向她陈述我怎样把光阴消磨过去的情形以前,我必须弄出一点东西来。"

他为自己取得的初步成果感到由衷的高兴,忘不了信笔写上几句话寄给支持他搞文学创作的妹妹斯洛尔,信中说:

我到底决定了以《克伦威尔》为题目，因为他是近代史上最好的材料。自从着手这个题目并把它在头脑里反复考虑之后，我就沉浸于其中，几乎对万事都失去了知觉。

这时候的巴尔扎克像个南非的土著人，对外界事情一窍不通，一点不知道。他深深懂得：文学的成就只能靠孤独的生活和顽强的工作去争取。现在左右他身心的只有克伦威尔，他要写好这部戏，使自己一举成名！

克伦威尔是17世纪"兼罗伯斯庇尔和拿破仑于一身"的有名的历史人物，在英国资产阶级革命中，曾担任过独立派首领，先后统率"铁骑军""新模范军"战胜了王党的军队，宣布成立共和国，后又建立军事独裁统治，残酷镇压国内民主运动并远征爱尔兰，一生经历不凡，性格复杂，具有赫赫功绩，在英国历史上具有很大的影响。

因此，巴尔扎克这一题材选得不错，雨果也写过这个题材，还产生了著名的浪漫主义的宣言《〈克伦威尔〉序言》。但对于巴尔扎克来说，正如他自己所写到的那样：

各种意念积满头脑，然而却不停地被缺乏写诗的才能所阻挠，至少还得七八个月才能把这本戏写成韵文，把思想推敲完善，再把整个戏润色精彩，真不知道有多少层出不穷的困难会堆积在这种工作里！

然而，就年仅20岁的巴尔扎克来说，他缺乏的岂止是写诗的才能，这种诗体要求有严格的句法和格律，他还不熟悉舞台技巧，甚至对历史知识也缺乏足够的准备，对历史本身也缺乏深刻的认识，因此，可以说，写这种5幕诗体悲剧是注定了他失败命运的。

巴尔扎克太急于求成，太急于在两年的有限时间内向父母交出答卷，太急于向世人展露他的文学才华了，以致他根本没有时间甚至没有心思去甄别自己的才华、气质所在；他的澎湃的激情和无与伦比的想象力根本不可能在死硬的形式中得以发挥，他的意念的狂流一经阻滞，他写的东西就只能是僵冷、空洞的一堆废物了。

然而初生牛犊不畏虎，一旦选定目标，巴尔扎克就全神贯注地干了起来。他不分白天黑夜地工作，完全忘记了外面还有个喧嚣的世界，他没有娱乐，没有休息，没有交际，没有朋友，唯一有的是一个想从社会的底层挣扎到上面来的人的苦恼和辛劳，有的只是在贫困的沼泽里不懈跋涉，然后发誓要攀登上高峰的坚强意志。

首次创作失败

从搬入莱斯堤尼尔街9号的那一天开始，巴尔扎克便将自己纳入伟大作家的行列了。他选择了克伦威尔这位叱咤风云的悲剧人物作为他写作的对象后，便开始用着了魔的劲头去工作了。这意味着他的苦行才刚刚开始。

万事开头难，这个时候正值冬季，冬日的严寒无情地摄取着巴尔扎克身上的每一份热量，但这一切都无法阻挡他对事业的追求。

巴尔扎克只要投身于工作，就好像着了魔，他自己也说过，并且这是连他的死对头也承认的。这是他有生第一次自愿委身于僧院式，甚至于芯拉毗派的隐居生活。后来他一生中，每当工作紧张的时期，他就严格恪守这种生活。

巴尔扎克开始不分昼夜地伏案写作，动辄一连3天或4天不离居室。即使出门，也只是为了去买面包、水果和一些咖啡，这是他过度疲劳的神经必不可缺的刺激品。

天冷的时候，顶楼四面透风，巴尔扎克的手指对寒冷一向是敏感的，在这既透风又没有生火的顶楼里，逐渐麻木而有写不了字的危险。然而他狂热的意志却不让步。

他坐在桌边，用父亲的一条旧毛毯盖着双脚，身上裹着一件法兰绒背心。从妹妹那里求来一件旧披肩，用来在工作时围

裹肩头,从母亲那里还求来一顶为他而织的帽子。有的时候,为了节省昂贵的燃料,他坐在被子里,用被子挡住袭到脚上的寒气,继续写他的那本不朽的悲剧。

即使这样,他的手还是如母亲所期望的那样冻得麻木了,可是他的身子却没有像他母亲所期望的那样离开这里,回到生炉火的律师事务所去。寒冷侵袭了他的身体,却丝毫侵袭不了他的精神。这种精神的烈焰,给他提供了强大的力量和激情。

在众多困难中,唯一使他担惊受怕的事还是日常的开销,比如灯油的开支,当白天越来越短时他不得不早早把灯点上,这更增加了他经济上的负担。受着这种经济条件的压迫,巴尔扎克更明白尽快写出这部悲剧的重要性。

面对这残酷的现实,巴尔扎克只把内心的委屈对妹妹斯洛尔一个人讲诉,在他的抱怨中,最出色的一句就是:"你那注定应享有伟大荣誉的哥哥,饮食起居着实像一位伟人,这就是:他快要饿死了!"

时间在一分一秒地过去,它并不因这个青年的苦斗而放慢一下脚步,也不因为他的紧张而为他多提供几个钟头。时间的流逝,是巴尔扎克最大的苦恼。

巴尔扎克在迫不及待的心情驱使下写啊写啊,太阳穴悸动了,手指发烧了。他仍然坚持着、创作着,不肯放弃。

在此期间,《克伦威尔》的写作步履艰难。巴尔扎克一想起那些优秀的悲剧作家就夜不能眠。

他向妹妹开玩笑似的说:"在莱斯堤尼尔街9号的阁楼上,在我住的地方,一个年轻人的头脑里已着火。一个半月以来,消防队员已来到,但却无法灭火。"

他不写《克伦威尔》时,就写古典式小小说作为消遣,有时,受拜伦的《海盗》启发,想写喜歌剧。

他也忘不了体格锻炼,为了活动活动腿脚,不顾路途遥远,到拉希兹神甫公墓玩玩。他看见墓碑时，就想到长眠在这里的那些伟大人物。

1820年5月12日，巴尔扎克接到斯洛尔的来信，斯洛尔告诉他要与欧仁·叙维尔结婚，请他5月17日来巴黎，参加在帕塞律师处的签约并在星期四上午在圣·梅里教堂做弥撒。

巴尔扎克在参加斯洛尔和欧仁·叙维尔的婚礼后不久，另一件重要的事使他兴奋，老巴尔扎克夫妇终于认可儿子的能力，召集几个朋友，在帕里西城家里的沙龙里向他们朗读儿子的悲剧作品。

事情的经过是这样的，有一天，老巴尔扎克家里来了一位不速之客，他叫达伯兰翁，一位批发铁器的商人，是巴尔扎克在莱斯堤尼尔街的邻居。

当他认识了这位年轻人后，完全被这位苦修作家的精神感动了，于是，他常常从经济上帮助巴尔扎克。今天，是找上门来向老巴尔扎克夫妇"问罪"的。

"弗兰苏，你太冷酷无情了。你的儿子在那种一般人难以忍受的环境里生活，他快要饿死了！快要冻死了，难道你就无动于衷吗？"

刚进门，来不及坐下，达伯兰翁便朝着老巴尔扎克嚷嚷起来。接着，他便颇带同情语调地向巴尔扎克夫妇述说了他们的儿子近一年来的阁楼生活，并且告诉他们，巴尔扎克的作品就要完成了。

商人的一席话使老巴尔扎克夫妇俩动起了恻隐之心，他们的心眼里不由升起一股怜悯爱惜之情。"他还真了不起，那么菲薄的生活费，他居然没借过分文的债务，可见儿子不是那种吹大话的浪荡公子。"

巴尔扎克的母亲眼前突然一亮，升起另一种罗曼蒂克的念头，儿子如果真的成了作家，不也是巴尔扎克家族的荣耀吗？不也是自己的光彩吗？她显得格外兴奋，达伯兰翁告辞时，她拿出150法郎，50法郎给达伯兰翁，感谢他对巴尔扎克的帮助，另100法郎托他给巴尔扎克捎去。

最后，当宾主走到大门外时，巴尔扎克的母亲又突发奇想，她对这位热心的铁器商人说："请你转告奥诺雷，让他把手稿送回家，我要为他举办一次盛大的作品朗诵会。"

1820年5月的一天，巴黎郊区的巴尔扎克家中，一派热烈而隆重的气氛，客厅打扫得干干净净，亲戚朋友们像过节一样等待某个时刻的到来，老巴尔扎克夫人也显得很激动。她高声地指挥大家，将一个个圈椅摆放成美丽的月牙形，月牙形圈椅的前方，摆放着供巴尔扎克朗诵与表演的一张小方桌。

参加人员有巴尔扎克的父母，妹妹斯洛尔及其妹夫，还有他的两个至交：拿克加尔大夫和达伯兰，前者不仅关照他的健康，而且把他从事的文学事业看得至为神圣，并不惜从精神、物质两方面支持他；后者虽是一个没什么文化的小商贩，但他早就看中巴尔扎克是个天才人物，将来肯定会大有出息，于是随时随地给巴尔扎克以极大的物质、精神鼓励，从这两个普通人身上，似乎也可以看出整个法兰西民族对文化事业的狂热追求和冲动。

这些客人中还有一位小有名气的诗人。大家带着好奇与希望，准备聆听年轻诗人的剧作。

时间差不多了，老巴尔扎克夫人满意地审视了自己的精心安排，认为无一疏漏，便郑重宣布朗诵表演开始。

一直被母亲安排在幕后的巴尔扎克登场了。只见他此刻已经换上与家庭地位相符的装束，新浆洗过的硬领白衬衣

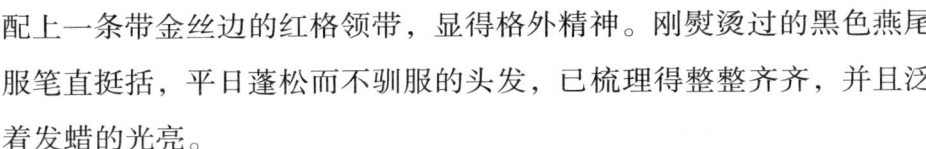

配上一条带金丝边的红格领带，显得格外精神。刚熨烫过的黑色燕尾服笔直挺括，平日蓬松而不驯服的头发，已梳理得整整齐齐，并且泛着发蜡的光亮。

由于是巴尔扎克作品的初次朗诵，他怀里好像揣了只兔子，惴惴不安。刚刚站到桌子前，巴尔扎克拿稿的一只手便开始抖动，另一只手胆怯得也不知放在哪儿好了。本来挺明亮的一双眼睛，这时也显得有些彷徨疑惑。"第一幕，第一景……"连声音都颤悠悠的。

巴尔扎克卖力地读着诗句，众人们吃力地听着诗句，整整持续了4个小时，客厅里的气氛由开始时的高昂兴奋，渐渐地沉闷与乏味起来，当巴尔扎克终于气喘吁吁地念完之后，一片令人窘迫的寂静，谁也没有恭维作者。

巴尔扎克礼貌地向诸位鞠躬行礼，算作谢辞。虽然没有听到赞美，但他依旧很乐观，眼前的"评审团"一个是军队的给养官；一个是桥梁工程师；一个是内科医生；一个是铁器商人……没有一个人对文学在行，怎么能够给出客观的评价呢？

在这件事上，略感失望的老巴尔扎克比所预料的更为激动，他说"审判委员会"可能弄错了，聪明的办法是将《克伦威尔》让"有权威和公正的人士"审阅。

于是，巴尔扎克的母亲和妹妹斯洛尔一起，捧着这部她们尚无法鉴赏的作品，来到了法兰西学院教授和文学院院士安德烈家里。安德烈曾是几部诗体喜剧的作者，而且他的作品都在舞台上演出过，反响不错，他是有资格、有水平为巴尔扎克的作品写最后鉴定的权威人物。

过了不久，安德烈先生回信给巴尔扎克夫人，如此写道：

我非常不愿意使令郎气馁，然而我的意见却是，他能够比写作悲剧和喜剧更好一点地使用他的时间。如果他能赏光，来看我一次，我将乐意向他解释，按我的意见，纯文学应如何学习，以及他能从文学中得到什么好处，而不必选择诗词作为职业。

幸好，安德烈先生并没有完全否认巴尔扎克，认为他还能"从文学中得到什么好处"。当然这成了巴尔扎克反驳母亲指责的实据。事实上，不管安德烈先生如何评价《克伦威尔》，都不会令巴尔扎克放弃写作这条路。

巴尔扎克就像个皮糙肉厚的泼辣孩子，他只说了句："这没有什么，只是悲剧不适合我来写而已。"说完，便擦去身上的土，拭去额角上的汗，又大步向前跑去了。

的确，虽然《克伦威尔》这部悲剧确实不是什么杰作，但是处女作品的失败也是包含很多原因的。首先，在文学起步之初，巴尔扎克还不知道他的天才应该施展在什么题材上，又没有前辈悉心点拨。

诗体悲剧不但需要熟悉人情世故，而且必须掌握舞台技巧，这都是这位文学新人所难以运用自如的。而且，巴尔扎克的压力太大，父母仿佛在用鞭子追赶着他，使他无暇静心地分析自己的气质，急急忙忙地拼凑诗句与韵脚，这些都是失败的原因。

巴尔扎克过了一回当作家的瘾，可惜处女作无可奈何地夭折了。他没有办法接受这一事实，他不愿承认自己的失败。他只是觉得他哪里出了点差错，使他心中酝酿已久的要表达的意念，要建构的体系和要阐明的学问没有以最佳的方式如实地反映出来而已。

可是，他不承认失败已于事无补，最为现实的问题是，他要生存，然后才能创作。处女作的夭折，父母已不允许他把文学当职业。

《克伦威尔》失败之后，父母尤其是母亲劝告他，可以把纯文学当作一种嗜好，一种所谓"正当"职业后的"副业"，谋求一个健全而获利的职业才是当务之急。

巴尔扎克不为所动，他对母亲说：

如果我有了职业我就算完了。我将成为一个小职员、一架机器、一匹马戏场里的马，在指定的钟点里围着场子跑上三四十圈，在指定的钟点里喝水、吃饭、睡觉。我将仅能成为一个专心于日常琐事的人，这就是所谓的生活，像石磨般旋转，永远相同的事情永远反复着实现！

巴尔扎克拒绝妥协而坚持他的合同，和父亲订的契约上的两年试验时间还剩下一整年时间才期满，他要充分地利用它。

怀着锲而不舍的精神，巴尔扎克又心甘情愿地回到那间"囚室"中去了。

转战商业小说

处女作夭折，巴尔扎克又回到了莱斯堤尼尔街9号那间囚室之后，他躺在"吱呀"作响的破床上，一手枕着沉重的脑袋，一手随意地无力地摊放在床沿上，透过屋顶裂开的瓦缝，他漠然凝视着那片蓝天。他努力地给自己鼓劲，想要理出一些头绪来，看看处女作究竟为什么失败了，眼下该干些什么为好。

一年前，当他从律师事务所的凳子上跳起来，跑回家向父母宣布要当大作家的时候，他是十分骄矜的，甚至可以说是十分狂妄的。在他的想象中什么困难也不会有，世界全不放在他眼里。他认为凭借他的才华，他的学识，他的智慧、声名、荣誉、自由、金钱，这些人人艳羡的东西，他，奥诺雷·德·巴尔扎克完全可以一蹴而就。

然而，《克伦威尔》这部作品的夭折，挫败了他的骄矜、狂妄，他不得不现实地考虑些问题了。

巴尔扎克从来就不是一个悲观主义者。处女作遭"枪毙"，他另起炉灶，重新开始。诗句难以雕琢，就用散文笔法写；不善于构建戏剧，就写作小说。就这样，他像一艘开足马力的帆船，在文学的海洋中披风斩浪，继续摸索着、前进着。

巴尔扎克知道，"只要一个人意识到自己的内在力量，他就能受得住沉重的打击"。他意识到，《克伦威尔》的失败是他选择的失败，而绝不是自己没有才能。不过，通过《克伦威尔》的写作，他从事写作，以写作为职业的决心是更加坚定了。

悲剧的相对固定的形式，桎梏住了巴尔扎克的跳动的意念和奔放的才情，但是没有打消巴尔扎克要成为作家的梦，于是，他开始了小

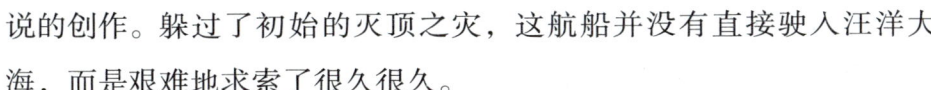

说的创作。躲过了初始的灭顶之灾,这航船并没有直接驶入汪洋大海,而是艰难地求索了很久很久。

1818~1828年,是巴尔扎克创作的第一阶段,也是他创作的摸索阶段。

卖文为生的日子是清苦的。父母给他提供的费用连最低的生活标准都难以达到,而且眼见着期限就要到了。这位可怜的未来作家,从拿起笔的一开始就时时处于危机感之中,他还常提心吊胆地害怕善变的母亲指不定哪天会突然中止供给,勒令他重新坐到律师事务所的板凳上去。

在这段时间里,巴尔扎克一直在写小说方面找出路。他开始创作长篇叙事小说《阿加蒂丝》。故事发生在十字军东征时代,由于写作根基浅,这本小说写得杂乱无章;他又写起另一种形式的文章《法尔图尔纳》,这篇道德说教式的文章也没写完;巴尔扎克又尝试起书信体小说《斯特尼或哲学的错误》,但都无法令人感到满意。

巴尔扎克时常感到惆怅和痛苦,要写一部好的作品需要很深的文学功底和非常多的经验知识。他的目的是当一流的作家,这个初衷并没改变。但是很显然,以他目前的能力来看,一时是不能靠杰作一举成名和一鸣惊人的。他需要实实在在地靠写作赚点钱,先赢得经济上的独立,摆脱家庭的羁绊和控制。

巴黎街头,圣米赤尔广场上的小书摊一个接一个地排列着。什么海盗生活的小说,行侠仗义的小说,邪怪与艳情的小说,以及冒险奇遇之类的小说,充斥着所有的书摊,而且装帧粗俗,印刷质量糟糕。这时,法兰西的文学界正经历着形形色色文学思潮的冲击。

因为,拿破仑的时代结束了,重新恢复了波旁王朝的统治,人民群众曾经有过的激情也开始冷却,人人都像害了大病一样,无精神追求,无精神寄托,只好从光怪陆离的"书摊文学"中寻找酒后茶余的消遣和精神刺激。

巴尔扎克的文学梦遭到打击后，曾有一段时间，他整天漫步在广场和街头，并随意浏览书摊上五花八门的小说。

这时，浪漫主义小说风行一时，英国浪漫主义小说家司各特和美国浪漫主义小说家库柏等人的作品不胫而走，巴尔扎克也有意加入这个阵营并立即行动起来。

过了不久，机会果然来了。就在巴尔扎克的附近，住着一位不同寻常的"打工仔"，他自称为德·来哥罗维耶·勒·波阿特万·奥古斯都，好像是个贵族青年，实际上是个"文学掮客"。他的年龄与巴尔扎克相仿。

这个年轻的市侩文人头脑灵活，擅长经商，他目前从事的工作就是编写流行小说，之前他已经拼凑出一两本流行小说，并联系到一家出版商，出版商为此付给他800法郎现钱，作品将于2月间分两册以奥古斯都·德·维也尔热莱的假名问世，由王宫广场的于倍尔书店发售。

有了资源后，奥古斯都便想靠发行流行小说发财，所以正在寻找一些快手来提供稿源。他正在物色一位有才气的需要金钱的合作者，来共同"制造"流行小说，以便多出书，快赚钱。

事情往往就是这样。当一个人失意彷徨时，常常会有一个"魔鬼"来靠近你，它利用你的迷惘、徘徊，向你灌输一些似是而非的思想，使你稍不留神便误入歧途。巴尔扎克就遭到了这样的影响。

于是，在某个黄昏，奥古斯都和巴尔扎克在一家餐馆里结识了，简单地交流之后，两个人俨然已经成了朋友。

开始的时候，巴尔扎克向这位新朋友抱怨"自己的成功无路"。奥古斯都向他解释说："你之所以倒霉，其真正原因是你对文学的野心过大！艺术良心与写小说何干？何必如此郑重其事？"

奥古斯都得知巴尔扎克搞文学创作的窘境，便立刻发挥他能言善辩的特长，运用如簧巧舌，委婉地述说起在巴黎金钱的重要，述说写

书摊小说如何省力，如何赚钱。

他说："我们这种小说容易得很！只要物色或剽窃到一个题材，历史上一点什么事，只要是出版商特别关切的题材就行，然后以尽可能的高速度杀出它几百页，最好是几人合作！"他已经有了一位出版商肯接受他们的作品。

他信誓旦旦地向巴尔扎克保证道："老兄，你不用出屋，只要写稿，其他工作都由我来完成，钞票就会自然来的。"

看着巴尔扎克有些犹豫，他就又劝说道："如果你担心将来成名了，这段时间的写作会影响你的声誉，你可以编个假名字嘛！"

巴尔扎克意识到自己目前已经没有更好的出路了，便答应了奥古斯都的提议：由奥古斯都负责拼凑荒诞古怪的离奇事，负责联系出版商，巴尔扎克执笔，完成手稿，报酬对分。两人一拍即合，第二天，便马不停蹄地开起了"小说制造公司"。

与此同时，在生活方面，巴尔扎克很走运。家里这边，父母已经下达了最后通牒，告知巴尔扎克必须在1821年初搬离莱斯堤尼尔街9号。斯洛尔结婚后，帕里西城的住房就空出了一间，巴尔扎克的父母认为儿子在巴黎实习时间已够长久，得回家来了，现在家里具备各种舒舒服服的条件。

由于父母没有再强迫他放弃写作，而巴尔扎克"小说制造公司"的第一部稿件还未完成，迫于生计，巴尔扎克只得乖乖地服从了父母的安排回到家里暂住，他已经下定决心，等赚够了生活费就要另找一处住所。

回到家后，他一头扎进"流行小说"的创作之中。父母见儿子整天埋头写作却看不见收入，就又不放心地唠叨起来。他们看不惯20多岁的儿子没有工作，不能养活自己。

巴尔扎克却信心百倍地放出一句话："你们放心好了，已经有人买我的书了。"

巴尔扎克心里很明白，当务之急就是挣钱，只要写的东西能卖出去，变成现钱，写什么与怎样写又有什么关系？文学家的声誉、艺术家的光环只能暂时收起，待到挣了大钱以后再去追求了。

现在，他把小说工厂安置在妹妹从前的小屋里。在这里，妹妹斯洛尔从前曾沉溺于哥哥来日成名的浪漫梦想。巴尔扎克日日夜夜地从事工作，一会儿就把一张迅速写成的稿纸叠放到另一张上去。

他以令人吃惊的速度工作着。他一天的工作，由写20页、30页增加到40页。后来，竟至于一天写出一章的平均数。他每3天就得换一瓶墨水，每3天就得换掉10个笔头。他就像一个船主的奴隶一般，一刻也不停地划着桨。他就像一个后面有追捕者的逃犯一样，在肺叶都要鼓炸的喘息里不停地奔跑。

巴尔扎克和奥古斯都合作的第一部长篇小说名为《毕拉格的女继承人》，这为他们赢来了800法郎，是巴尔扎克有生以来的第一笔收入，也是他的文字第一次印刷成书，然而，一直想出名的他却没有署上真实姓名，而是化名为"罗纳勋爵"。

说来也奇怪，他精心创作的诗剧无人问津，而他这么粗糙地写出的小说，却一本一本地印刷出来，还广有销路。多谢他的伙伴兼代理人的积极活动，使得任务刻不容缓地蜂拥而来。他们的小说工厂就像一架重锤摆动得十分平衡的大钟，巴尔扎克专管写作，奥古斯都专管拿出去兜售。

很快，巴尔扎克的收入由第一本的800法郎增加到了2000法郎。一个月后，巴尔扎克把1000法郎放到了母亲面前。母亲惊呆了，她知道，过去她一年供给巴尔扎克的费用也不过就是1000法郎。可今天，这个蠢孩子一个月就挣回来了。

两个月后，巴尔扎克又把2000法郎放在了母亲面前。好家伙，这下，巴尔扎克在家中的地位陡然高了起来。一向看重金钱的父母万万没有想到，他们曾经鄙视的文学，竟然也能挣来大把大把的钞票。

于是，巴尔扎克的父亲，这个性情温和的老绅士心满意足地说："我真诚地希望你能够取得更大的成就。"

母亲则相反，她本来就喜欢否定和阻挠儿子所做的任何事情，此时，她又以强加干涉的想法来破坏儿子的心情！

她把这个设立在她家中的小说工厂当成一桩家庭事务，忍不住要充当巴尔扎克的评论者与合作者，她抱怨巴尔扎克的文章粗糙，一遍又一遍地督促儿子一定要仔细校改稿子。

尤其是巴尔扎克工作的猛劲儿和狠劲儿，使这个经常焦虑、喜欢泪眼婆娑地训斥孩子的母亲感到了害怕。她总是不停地责备儿子："你创作的时候这样玩命，如果继续这样，再过3个月，我就得把你当成一个魔病鬼儿养活了。"

巴尔扎克感到不可理喻，自己拼命地赶写这些没有营养的无聊文章，难道不是迫于生计吗？而如果母亲肯在经济上扶持一下儿子，自己又何苦如此呢？

出于由来已久的积怨，巴尔扎克对于母亲的"指手画脚"感到不快，这对母子总是很难心平气和地进行沟通，于是，母亲又满脸不悦，愤愤地说："奥诺雷太自负了，他把别人的感情都伤害了。"

而巴尔扎克想的是，一定要尽早从家里搬出去才好。

1822～1825年，巴尔扎克就一直从事这种商业小说写作工作。据最保守的估计，巴尔扎克每年至少要炮制10多部小说。这类作品都是迎合社会上一般读者消遣解闷、寻求刺激的心理而作的，并没有什么深刻的文学底蕴，但是却为巴尔扎克换来了最初的粮草。

3年过去了，巴尔扎克一直沉溺于"小说制造公司"的事业。后来他又招兵买马，办起了"分公司"，他雇用了一批文学青年，由他向他们讲述杜撰的荒唐故事，然后，一人承揽一部分写作任务，最后再由巴尔扎克串联成书。为了得到些微的物质保证，巴尔扎克只好不断地出卖自己的精力。

巴尔扎克像开足了马力的机器飞快运转。人们能够考证出是他早期作品的有《拾来的姑娘》《犹太美男子》《百岁老人》《最后一位仙女》等一系列小说，还有《不受愚弄的秘诀》《巴黎招牌趣味辞典》等"生活指南"式的杂著。这些作品，巴尔扎克全部用的化名，都是纯商业性质的东西。

但是，巴尔扎克自己却渐渐地感到不快乐。因为写流行小说并不是巴尔扎克的初衷，对于艺术他还有更高的追求。对一个20来岁的青年，一个在人生道路上刚刚起步的而且是急需用金钱来保障自己自由的青年来说，要在严肃的文学道路上走下去，就必须保持经济的独立，所以巴尔扎克眼前的这种情形也是可以理解的。

然而，经济问题解决了，巴尔扎克却感到越来越空虚，好像还有什么光辉的使命没有达成似的。他时时为把自己"思想的精华消耗在如此荒谬的事情上而难过"。昔日的抱负，艺术的良知，时时在这个年轻人的心中掠过，反复阻挡金钱对于他的诱惑。

在后来巴尔扎克的作品中，他不无深刻地剖解了这种心理："为了获得自由，他竟卖身为奴。"在巴尔扎克用日日夜夜奋笔疾书的代价获取了被书商们剥削后所剩下的一点点金钱后，他开始意识到自己得失的悬殊了。

一天，巴尔扎克与妹妹斯洛尔在房间里悠闲地聊天。开始，巴尔扎克忍不住爱高谈阔论的习惯："亲爱的妹妹，你知道吗？我现在工作得就像亨利四世的马在被铸成青铜以前一样，我希

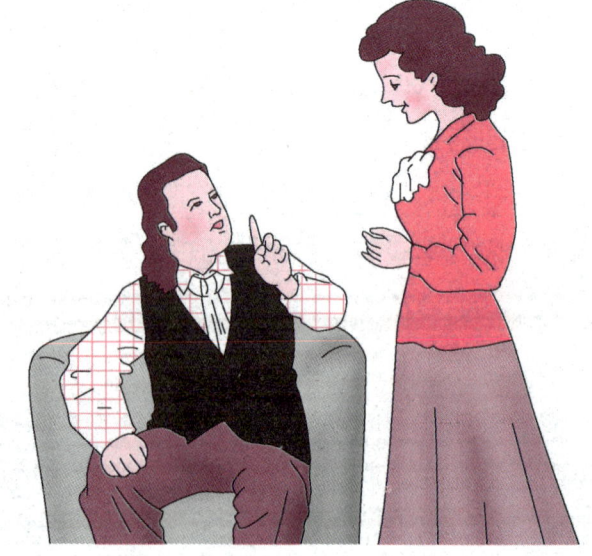

望在今年年底前弄到 20000 法郎，我要使这笔钱成为我运气的基石！"

妹妹此刻却撇了撇嘴，责怪地说："我才不稀罕借你的亮发光呢！但是，过去你写书的时候，我最支持你，现在书写成了，你怎么不肯送我一本呢！"

巴尔扎克听了妹妹的话，脸腾地红了。只有巴尔扎克自己清楚他不愿意把所写的书送给妹妹看的原因。

巴尔扎克明白这些东西除了能卖两个钱之外一文不值，并为自己陷入这种生涯而惭愧。他写信给妹妹，痛苦地袒露自己的真心：

> 我希望靠这些小说发财致富，这有多么堕落！为什么我没有 15000 法郎的年金，使我能够体面地工作。可我总得独立起来。为此，就只有用这样的方法。

他哀叹道："我看见有个东西在向我招手，只要物质条件稍稍有所保障，我一定要脚踏实地地工作。然而，现在却不得不把精力消耗在如此荒谬的勾当上，这多么令人难过，我那些辉煌灿烂的计划破裂得多么惨呀！"

后来，巴尔扎克在一篇文章里这样为自己解释道：

> 艺术家并非像黎希留所说属于利禄之辈，他不像商人一样，满脑袋里贪得无厌的就是财富。
>
> 如果他为金钱忙碌，那只为的是济一时之急。因为吝啬是天才的死敌。一个创造者的心灵需要的是慷慨相助，决不能让如此卑劣的感情从中占有地位。

他准备着将来一旦有了足够的钱，即开始进行自己伟大的创作。然而，无论巴尔扎克如何拼命，这种"可憎的方法"都并未使他真正致富和独立起来，他无法排解那种不赚钱就随时有可能吃不上饭的危机感。

这段时期，巴尔扎克创作了这些数量可观的商业产品，却始终不肯署自己的真实姓名，后来更是闭口不提，并且在《人间喜剧》的前言中郑重其事地否认那些作品是他的手笔。后人们不难在这种行为背后，看到这个伟大作家面对现实生活的无奈。

其实，这段写作生涯的确消耗了他生命中最宝贵的青春岁月，但是并不是一无收获的，只不过巴尔扎克本人没有看到罢了。

正是有了这段时期写商业小说的磨炼，才锻炼了巴尔扎克的笔力，使他对文学语言的掌握、对作品中人物及情节的驾驭得到了训练，后来，还为他创作《幻灭》等杰作提供了素材呢！

挚友终生难忘

日子在一天天过去，巴尔扎克全然投入到写作之中，却没有注意到终日郁郁寡欢的妹妹斯洛朗。

斯洛朗已到了婚嫁的年龄，却没有人向她求婚，内心感到十分的苦闷。家里生活平静，单调乏味，她羡慕姐姐有了乘龙快婿，而自己却形单影只。

老巴尔扎克先生给斯洛朗物色到了一位挺体面的对象蒙塞格尔先生。这个年轻人有着双重的贵族姓氏。他的父亲与老巴尔扎克先生是在王家议会认识的，后来又在粮食局共事。而蒙塞格尔又比斯洛朗大15岁，这在家庭生活中是最稳定的保证。

巴尔扎克一家沉浸在喜悦之中，为小女儿能够找到这样高贵的夫婿感到自豪。斯洛朗没有尝过谈情说爱的滋味，并出于虚荣心，认为不久就要像姐姐那样有仆人、会客日、四轮马车和一群可爱的孩子，过上太太们的生活，也成日里兴奋不已。

婚礼于1821年9月1日在第七区区政府和圣·弗朗索瓦教堂举行。巴尔扎克家曾把求婚者捧上了天，不久，他们发现自己上当了，因为蒙塞格尔已濒临破产，而岳父一家却毫不知情，现在连斯洛朗陪嫁过去的珠宝首饰都已经被丈夫典当光了。

当老巴尔扎克夫妇认识到新女婿的卑鄙自私后，坚决拒绝借钱给他，还几乎断绝和女儿女婿的来往，老巴尔扎克夫人唯一给他们的一个恩赐是在她的不幸的女儿快临产时去看望了这对夫妇一次。

现在，老巴尔扎克一家在忙着和另一个有身份和金钱的家庭来往。这是他们的邻居加布里埃尔·德·柏尔尼伯爵一家。这一家就住在帕里西城莫街的房子里。

　　这是一座栽满鲜花、有庭院、维护得很好的建筑物，铺沙的院子里还有橘树和石榴树作点缀。每当巴尔扎克路过那里，都会联想到，这个世界可真小：直至1815年，这座房子是夏尔·德·蒙塞格尔，即巴尔扎克家卑鄙无耻的女婿的父亲的财产。他破产后将房子卖给王家顾问加布里埃尔·德·柏尔尼伯爵。

　　1799年，加布里埃尔·德·柏尔尼伯爵进入令人羡慕的供应局，后来又当了内政部人事司副司长、巴黎法院顾问，夫妇俩有9个孩子。因为老巴尔扎克先生也在行政部门工作过，所以说他与加布里埃尔·德·柏尔尼伯爵应该算是老相识，他俩在后勤部门工作时都发了财。

　　更加巧合的是，老巴尔扎克一家搬到帕里西城后，又与伯爵一家成为了邻居，这样他们的友谊就又进了一层。

　　伯爵先生的太太德·柏尔尼夫人原名路易丝·安托瓦妮特·洛尔·伊奈。她的个子不高，但是心地善良，年轻时是个娇小的美人儿，随着年岁的增长更加温柔贤惠，风度儒雅。

　　巴尔扎克家与其比邻而居后，一度过从甚密。巴尔扎克家常常以能与伯爵先生一家接近为荣。老巴尔扎克夫人成了德·柏尔尼夫人的密友，斯洛朗则是德·柏尔尼姑娘们经常的游伴儿。

　　当巴尔扎克回到家居住的时候，父母便把增进两家友谊这个适宜的工作交给了他，父母认为他也该给家里做点有用的事情以贴补食宿的费用。于是，在巴尔扎克写小说的间隙中，他被安排了给弟弟亨利补习功课的工作，而亚历山大·德·柏尔尼与亨利同岁，这当然是再自然不过的事。

　　巴尔扎克本人也喜欢利用这个机会来甩开父母的唠叨，于是把越来越多的时间消磨在舒适和快活的德·柏尔尼家里了。德·柏尔尼夫人家的宽敞别墅中由于有几个漂亮的男孩和女孩而平添了不少情趣，气氛中充满欢笑、嬉戏、机智的谈话,这都是巴尔扎克喜欢的。

巴尔扎克逐渐会在他并不该教功课的日子里也动辄踱向德·柏尔尼家去,在那儿消磨整个下午和黄昏。并且,他对修饰比从前注意得多了,对自己有所制约,不像从前那样高傲,而且显然变得和蔼多了。

其实,此时真正吸引巴尔扎克的不是别人,正是那位善解人意、风度翩翩的德·柏尔尼夫人。巴尔扎克此时深深地爱恋上了这位夫人,这是一种法兰西式的爱情,它超越了身份和年龄的界限,这在一些人心中是不可理解的,但是发生在巴尔扎克身上却不足为奇。

因为自身长得丑陋,而在爱情方面多少有点自卑的年轻人也期待美好的爱情,然而现实是从没有年轻的姑娘对他展开亲切的笑容。

巴尔扎克自己在《驴皮记》里就曾描写过他早年在这方面失败后的绝望心情:

> 我的心灵在它努力寻求表现时曾接二连三地受到伤害和阻碍。它就日益深藏固蔽。天性坦白率真如我,在外表上却不得不显得冷酷造作。我既害羞又拙笨,我真怀疑我的语调能否有最细微的表现力,我自己讨厌自己,我自知丑陋,以此自惭。
>
> 纵然在绝望的时刻,总有那个支持天才者的内在呼声向我呼叫:勇敢,坚持;纵然总有那启示的突然闪光来照耀我的孤独,表明我所具有的力量;纵然当我把流行的作品同我从想象力中创造出来的艺术作品作一比较时使我获得了希望;纵然有这一切,我仍然像个孩子那样将信将疑,我是狂热雄心的俘虏,我相信我是命定要做大事业的,可是同时我又看出我的轻微、藐小、毫不足道!

然而，命运并没有遗忘他，当他在文学道路上艰难跋涉的时候，德·柏尔尼夫人像神的使者一样走进他的生活。在《论艺术家》一文中，巴尔扎克说："如果有值得世人感恩不尽的功绩，那就是某些女性为爱护这些光辉的天才，这些可以左右世界而自身不得温饱的盲者，所表现的至诚和忠心。"

在巴尔扎克通往文学殿堂的道路上，虽然阻挠很多，但是也有一些知音，德·柏尔尼夫人就是一个。

这个女人在巴尔扎克身处逆境，负债累累时，毫不犹豫地向他伸出了援助之手。她理解巴尔扎克的人生选择，还多次为巴尔扎克偿还债务。她的慷慨解囊使巴尔扎克渡过了一个又一个难关，而她的精神支持，她的惠顾和爱助则鼓励和哺育了巴尔扎克。

柏尔尼夫人与巴尔扎克的关系颇像华伦夫人与卢梭的关系。巴尔扎克一生对柏尔尼夫人深怀感激之情。

一次，柏尔尼夫人正在巴尔扎克家里做客，仆人忽然来报告，说巴尔扎克的债主们又找上门来了，问巴尔扎克应该怎么办。巴尔扎克此时已经没有偿还债务的能力了。此时他不知所措、一筹莫展。因为这个时候，他正值身无分文，哪里有钱还给那些像吸血鬼一样的债主呢！他连忙吩咐仆人，一定要和债主们说，主人不在家里，然后就准备从后门溜之大吉。

柏尔尼夫人却显得十分镇静，她微笑着问，讨债的人要多少钱？仆人报上来一个数字，很显然那是不小的一个数目。

柏尔尼夫人丝毫没有犹豫，立刻拿出笔来开出一张支票给了仆人，"把这个给他们吧！"债主们拿到了支票，便纷纷离开了。柏尔尼夫人经常替巴尔扎克处理着类似事情，但是这位可爱仁慈的夫人却从来没有抱怨过。她也没有因此朝巴尔扎克逼过债。她一直默默地给予巴尔扎克经济上的帮助，尽管对于巴尔扎克的巨额债务来说，这样的帮助也是杯水车薪，但是她对巴尔扎克的恩情是巴尔扎克一辈子都难以忘记的。

这一切,巴尔扎克都铭刻在心:"从1823年至1833年间,在人生这场可怕的恶战中,一位天使给我以支持。柏尔尼夫人尽管有家有室,却像上帝一样对我无微不至。"

"她是母亲、是女伴、是家园、是知己、是慰藉;她造就了作家,她安抚了青年,她提高了智趣,她像亲姐妹一样为我欢笑,陪我哭泣,她每天都来到我的身边,像一个美好的梦,使我在沉睡中忘却了苦难。她想方设法给我提供高达415万法郎的巨款。"

"毫无疑问,要是没有她,我早就没活命了,她鼓励了我的自尊心,使人免受堕落。"这是巴尔扎克发自肺腑的声音。

巴尔扎克在德·柏尔尼夫人生前死后所写的关于她的一切,构成了一组对这位伟大女性的感恩戴德和欣喜若狂的赞美诗。

柏尔尼夫人所给予他的勇气、自由、外在的和内心的安全感是不可言喻的。

柏尔尼夫人就像巴尔扎克的一位亲人,她给了巴尔扎克很多关爱,弥补了巴尔扎克小时候不幸的童年时代的缺憾。

于是,在《幽谷百合》中,作者巴尔扎克创作了一位非常理想化了的德·莫尔梭夫夫人的形象,但他也只称之为那是与柏尔尼夫人相去悬殊的身影,只是那位妇人一些次要品德的轻描淡写。

同柏尔尼夫人这场深度灵魂的碰撞"作为他一生中无比的一次幸福遭遇"曾由他以极其优美的言辞描写过:

> 你曾经有过福气遇到这样一位女人吗?她的歌唱般的声音使她的字句倍增魅力,这种魅力也同样贯注于她的千姿百态。
>
> 一位妇女,她知道什么时候说话,什么时候缄默,以完美的娇柔感博得你的注意,选择字句妥帖恰当。她的语言非

常纯洁,她的戏弄很像抚爱,她的批评决不伤人。

她不以聒噪的态度处理事情,而是满足于引导一场交谈并使谈话适可而止。她举止总带着微笑的媚姿,她的娴雅绝非造作,她能尽力而为却不过分心焦。

这个女人真是丽质天成,她所作所为决无一丝矫情,她从不炫耀自己,显示她的感情纯粹由于她诚有所感。她既温柔又活泼,她的同情心表达得特别沁人心脾。你会如此热爱这个安琪儿,即使她做错了一件事,你也心甘情愿承认她是对的。

尝试经商失败

从1822年11月开始,巴尔扎克家离开帕里西城搬到巴黎的多雷正街7号。巴尔扎克也要为住在双亲家里负担费用。11月1日,他和父亲谈定并签约,每月为租金和伙食付100法郎。

1823年1月31日,巴尔扎克的外婆因病去世,在丧事以后,他住到多雷正街7号3层楼套间里。这就和双亲及年轻的亨利更接近了,亨利表现得更轻浮、挥霍,干什么都不成。

1824年6月24日,巴尔扎克家用10000法郎购买了他们当初租住的属于夏尔·萨朗比埃的房子。老巴尔扎克先生认为农村的空气对那些想活动筋骨的老年人十分有益。他们很快又回到老地方居住。

但是从8月开始,巴尔扎克就拒绝再和家人住在一起了。这一次,他不住多雷正街,而在塞纳河左岸图尔农街2号漂亮房子的6楼租了一套房子,这样压在他身上的经济压力就更大了。

巴尔扎克于是想竭尽全力获得成功,做出惊人之举,使事业辉煌。如果能挣钱,日子就不会难过。现在,他靠最初出版的那些小说,靠这种性质的文学事业挣来的钱是不够花费的。他的目的是更上一层楼。

也许是因为对炮制小说感到无奈,更重要的还是为了多多赚钱以取得经济上的独立,巴尔扎克又在设法寻找新的生财之道了。

1824年冬天,他结识了出版商卡耐尔,卡耐尔向巴尔扎克透露了自己一个赚钱的计划,听得巴尔扎克热血沸腾。

卡耐尔兴奋地对他说:"亲爱的巴尔扎克,我有个赚钱的计划,你可以听听。"

巴尔扎克睁大那双富有神采的眼睛，快活地说道："哦，说来听听，伙计。"

卡耐尔告诉他，目前，有一桩很有赚头的出版生意，那就是为暴发户的资产阶级出版一批书籍。

卡耐尔说："是这样，巴尔扎克，你想想，在法国有那么多大作家，他们的作品也已经深入人心，人们在心中敬仰他们，那么，我们完全可以把这些作家的作品集结起来出版，这样一定会使你发大财的。"

卡耐尔告诉巴尔扎克，那些暴发起来的资产阶级是不看书的，但是，他们有了钱就想爬进上流社会，而要进入上流社会就必须进行包装，书是不可缺少的重要装饰。

卡耐尔还颇显内行地告诉巴尔扎克，怎么印这些书籍也大有文章。他打算采取缩印的形式，把一个著名作家的全集印成一本，打破过去一大套几十册的惯例。这样，放到书架上，既省地方，又新潮，如果再把封面印制得精美一些，肯定更受欢迎。

这无疑是一个既能赚钱，又有意义的好事。但是卡耐尔缺少资金。于是，这位精明的商人就向巴尔扎克提出了合作的要求。巴尔扎克对这个计划立即表示了赞同，而且慷慨解囊。愿意无条件地分担那股份的2/3，即1500法郎至2000法郎。并且答应给拉·封丹和莫里哀这两位作家的全集写两篇序言。

在这个出版商的鼓动下，另外还有一位退休的官员和一个大夫，也参加了进来。他们每人的股份是1500法郎。合同签订了才一个多月，包括卡耐尔在内的其他合伙人便嗅出了苗头不对，纷纷撤资了。

唯有巴尔扎克执迷不悟，他对这个新事业刚刚产生兴趣，要让他放手是不可能的。在别人退却的时候，巴尔扎克却选择了大举进攻。"既然是白手起家，索性干得又大又辉煌才好。"于是，他把全部股份都承揽了过来。

亲朋好友们也热心资助他，唯有他的妹妹觉得不妥：

亲爱的哥哥，你的这个经商计划，使我十分不安。你这位作家侍奉的神灵未免太多了。既然已经献身于文学事业，很多名人终生奋斗，尚且感觉不够，你哪能有那么多的时间再去操持别的营生？

再说，经营商业，你本来就不熟悉，你为人和善，生性耿直，总以为别人也像你一样忠诚坦白，从来不懂得防备他人的尔虞我诈。

亲爱的哥哥，我宁肯看你整日与手稿和正经的著作打交道，也不愿看你口袋里装上泥土；我宁愿你住在寒冷的阁楼上，也不希望你财运亨通、买卖兴隆。

但是，此时的巴尔扎克已经完全陷进这桩考虑不周的发财梦里了，任谁的忠告也很难听得进去。事实果然不出妹妹的预料，巴尔扎克确实不是经商的好材料。因为缺少经验，因为准备不足，他的生意一落千丈。

他苦心经营了一年多，出版了莫里哀和拉·封丹的全集袖珍本，而且亲自作序，还出钱请人画了精美的插图。初版印刷了1000册，测算一下成本，每本必须售价20法郎，结果却只卖了20本不到。

余下的全部堆在仓库里，书价只得一降再降，一直降到了每本10法郎，可仍然卖不出去，最后不得不把所有的存货全部甩卖出去，结果是净赔了9000法郎，眼看到了破产的边缘。

巴尔扎克的生意赔了老本。任何一个人只要经过一次严重的挫折都会低头思过，慎思谨行，而巴尔扎克却不是这样，生就的倔脾气使他做任何事情都不爱认输。在出版图书失败面前，巴尔扎克不但没有从这倒霉的生意中清醒过来急流勇退，相反还不服输，又盘下了印刷厂和铸字厂。

为了维持业务，他什么东西都印。然而，他艺术家的气质永远应付不了商业方面的经营，他又上当了。他的《拉·封丹全集》和《莫里哀全集》被迫以不到9法郎一本的低价卖出后，得到的却并不是现金而是支票。

而且紧跟着，买书的书商破产了，支票兑不出现金，只换回了那书贩子存放在乡下的一大堆卖不出去的书。他用千辛万苦筹划来的现钱，却换回来了一大堆的废纸。劳碌奔波了半天，一无所获。

在这期间，他只得向他的那位女友柏尔尼夫人寻求资助。而这位善良的夫人又再一次替他解了围。

巴尔扎克有一种永不衰竭的进取精神，而且对科学技术的新发展、新动向十分敏感而支持。他听说一种新铸字方法正在出现。

他相信，随着出版业的进步，随着读者的增加，排字和铸字的烦琐劳动一定会被机器所代替。于是，当这个机会出现的时候，他便把它紧紧地抓住了。

1827年8月1日，他又与人合伙建立一家印刷字模厂。巴尔扎克的套间就在厂子的二楼，这里有客厅、饭厅、起居室和带有一张大床的卧室。墙上贴着蓝色薄纱，使这间陋室带有纯情的色彩。

柏尔尼夫人每天都到巴尔扎克房里来，不怕工人的乱杂，机器的冲击声，油墨的、纸张的、糨糊的味道从车间直冲楼上。她和巴尔扎克一起看账本、检查发票，以使他能施展宏图。

尽管有这位美丽的天使监护，尽管巴尔扎克老是泡在账本里，但他不会算账，也不会管理企业的事情，企业在生产方面毫无秩序。他习惯于看得太高，走得又太远。

从1828年初开始，巴尔扎克就已经穷途末路了。他的合伙人再次退出；而他的主顾们对他的样品又不感什么兴趣；他的伙计们又向他索要工钱；一些纸商、书贩又要他清偿账目；放债人又逼索贷款。

巴尔扎克简直是四面楚歌了。

债权人的票据不断送到他住处。因为此类票据太多，他把它们留在办公桌上、椅子上，压在钟座下。夜晚，他在梦中也看到债台高筑。白天，他也难以忍受那些未领到工资的工人的目光。

1828年2月，巴尔扎克终于从房子里逃走了，因为破产的迹象太明显了。最后，这件事情的解决办法是：他以67000法郎的价格把它出让给巴尔比耶先生，包括设备及印刷执照在内。这次转让可以清偿那些要得最急的债主。

这么一算，巴尔扎克一共欠下了近10万法郎的债务。老巴尔扎克夫妇害怕儿子将被当成无偿还能力的债务人关进监牢。老巴尔扎克夫人只好请求担任商业法庭代理推事的表哥夏尔·塞迪的妥善、友好地解决此事。

破产对于巴尔扎克来说，几乎是一段身败名裂的苦难历程。然而，生活的苦难绝对不是无缘无故地降临在一个人身上的。正是因为有这一段创业失败苦苦挣扎的历史，他才能在《人间喜剧》中对资本主义社会中的金钱关系有那么深刻的把握，有那么生动的描绘。

在那段时期，他不得不和各种各样的出版商、债权人打交道，不得不面对逼债、清算、高利盘剥、敲诈勒索等一系列近乎掠夺的人们。他周旋在他们之间，像扁舟在大海的风暴中摇晃一样，几度要被大海吞没，几度又化险为夷。正是在这一过程中，使他抓住了社会的本质，见识了掌握金钱的生活中的"主人"们。

生活的法则就是这样：这里的所失，正是那里的所得。巴尔扎克多年的苦斗、失败，给他提供一笔无法用法郎来计算的精神收获。生活的储藏、社会的世相、人物的故事，他都在这些破产中认识到、体验到了。

巴尔扎克作为商人所丢失的东西，正是他作为文学家所需要的东西的来源。在这些失败中，他所获得的收益，也是他一生用之不尽的创作财富。他所看到的每一幕生活的闹剧、悲剧和喜剧，都像是莎士比亚的悲剧一样动人，像拿破仑的每一场战役一样激烈。

他认识到了在这个时代中金钱的价值。他知道了证券交易中的种种钩心斗角。他知道了在商号里所使用的权术和诡计。他知道了他的失败不仅仅是失败，他更加清楚地了解到了这是属于他用金钱换来的对社会生活的清醒的认识。

由于他的奋斗和失败，再奋斗、再失败的经历，使他比同时代的其他的伟大作家有了更多的关于社会学方面的学问。这为他后来《人间喜剧》的创作提供了更多的有力的帮助。

拼命努力

诚实，像我们所有的节操一样，应当分成消极的与积极的两类。消极的诚实便是西卜女人那一种，在没有发财的机会时，她是诚实的。积极的诚实是每天受着诱惑而毫不动心的，例如收账员的诚实。

——巴尔扎克

陋室里笔耕不辍

冒失的投机事业全盘瓦解了，为此巴尔扎克欠下了令人瞠目结舌的巨债，绝大多数人在这个时候的做法往往是酗酒、堕落甚至会自杀。但是巴尔扎克却像一个没事人似的。

商业的失败使巴尔扎克有了重新面对自己的机会，他终于知道，自己是怎样的一个人，自己究竟想做的是什么？从前，巴尔扎克一直在为有经济基础而奔波忙碌，却忽略了自己最热爱的文学，乃至在最宝贵的青春里，在漫长的10年岁月中，自己一直在充当一台赚钱机器。

现在，实践证明，他不是块经商的材料，不是生就的商界巨子，他的存在只为一件事情，就是爬格子。巴尔扎克突然领悟到，先前他之所以写不出成功之作，原因不在于没有天分，而在于目标不明、用心不专。

如今，三十而立的作家终于明白，自己的心意其实从来就不在经商上面，现在投资失败未尝不是一件好事。这样，他便获得了足够的自由和理由，再重新回到书桌前拿起自己的笔，开始向文学进军了。

那些足以使一个弱者的脊梁压弯的事，那些负债累累的噩梦，在继承了父亲生命活力的、永远乐观的、充满艺术气质的巴尔扎克看来，只不过是皮肤上的小受抓搔而已。正如他自己所说："在我一生每一个阶段里，我的勇气克服了我的不幸。"

然而，巴尔扎克毕竟此时债台高筑。就算他再怎么乐观，怎么坚强，仍然没法打发那些前来讨债的人们。而要进行伟大的文学创作，就必须拥有一个安宁清静的环境。这对巴尔扎克是个非常重大的难题。

为了逃避这种干扰，巴尔扎克只能在东躲西藏中创作。还好，他总是能够绝处逢生，每当遇到困难或者危机的关头，总是有那么一两个支持他、鼓励他、帮助他的天使出现，解救他于水火之中。

恢复创作的初期，巴尔扎克就受到了一位名叫德·拉杜摄·亨利的朋友的关照。这个人是一个较为平凡的人物，他自己绝无天才可言，但他却有一个发现天才的本领。这位先生善于取人之长而补己之短，他对巴黎的新闻界又非常熟悉，对巴尔扎克这个正被生活所抛弃的青年也很关照。

对于巴尔扎克这位尚未写过一行真正文学作品的人，一个背负巨额债务，看上去穷途末路的人，德·拉杜摄·亨利给予了重新估价，他预言了巴尔扎克可能出现的前程。于是，他给了巴尔扎克以宝贵的友谊和良好的待遇。

是这个和巴尔扎克年龄相当的朋友，在危难之时，给了巴尔扎克以关心和鼓励，鼓励他在写作上再做一次实验。在这个朋友这里，巴尔扎克找到了一份信任、一份友情、一份鼓舞和一个暂时隐蔽的处所。

为了躲避债主们的追逼，巴尔扎克在这位好心的朋友家里住了很长一段时间，但这毕竟不是长久之计，按照他那没日没夜工作的习惯，他必须找一个安静而隐蔽的写作环境，即一个可以与外界隔开、仅属于自己的斗室，以免对别人造成妨碍，哪怕比莱斯堤尼尔街9号那间阁楼还小。巴尔扎克的要求很低，只要能够不受债主干扰，可以让他安心创作，并且也不会干扰别人就可以。

未来的路在巴尔扎克面前已清晰地延伸开去，今后他要做的唯一的事，他要用整个生命和热血去浇铸的事业，就是全力以赴进行文学创作，任何艰难险阻，都不能阻止他去达到自己的目的，实现多年的梦想。

眼下他第一步要做的事就是找到一所能避风雨的房子，他既能在这里避开债主和法警的追逼、骚扰，又能够安心创作。

父母所在的那个家，他是不愿意去住了，有时候母亲的唠叨使他觉得比债主、法警的追逼更难受。

后来，巴尔扎克终于在卡西尼街上觅到一间小屋，它坐落在一条极不引人注意的、靠近市郊的街道上，在它周围居住的都是一些平民百姓，人们绝对想不到会有一位作家住在这里。

这一处房子像是专门为庇护作家而设计的，前后门都有通路，只要发现债主从前门来，他就可以从后门溜走，债主从后门来，他又可以从前门逃走。这一切正符合巴尔扎克的实际情况。

不仅如此，卡西尼街还地处城乡交界处，这里远离尘嚣，交通却很方便，并且这里仍是巴黎。这地区总算也有个广场，一个街道，一条林荫路，几座城堡，几个花园，还有一条公路；它位于外省，但却又属于首都。

这里进可亲近巴黎，退可埋头笔耕，对于渴望写作而又不愿意离开巴黎的巴尔扎克来说，真是一块理想的"风水宝地"。

卡西尼街是条近郊街道，当地的居民没什么高贵血统，多是一些普通市民。巴尔扎克写道：

> 这里已不是巴黎，可仍算是巴黎。这个地区也有点儿广场、小街、林荫路、堡垒、花园、大路、公路，它已属外地，但也还在首都，所有的东西全有点儿，可又一点也没有。它就是一块沙漠。

这个住所包括起坐室、卧室、书房，还有一间小浴室，一年租金不到 400 法郎，适合巴尔扎克当时的消费水平。巴尔扎克想到当年母亲为他看中的莱斯堤尼尔街 9 号那间小阁楼，一年才 60 法郎，他在那里学习、工作、生活，竟如同长着翅膀的小天使一样快乐。对现在这个住所，他更没有什么可挑剔的，何况柏尔尼夫人十分满意。

在 1828 年 3 月的一天，一位叫作苏维尔的先生搬进了卡西尼街的这所小房子里。这个人不是别人，正是奥诺雷·德·巴尔扎克，他打着这个名字把这间屋子承租下来。这次搬家进行得十分低调，好像生怕打扰了邻居们。

平日里，巴尔扎克深居简出，人们甚至怀疑这个房子里是否住着人，但是，每到夜半三更，人们却可以透过自家的窗户看见这位邻居房间里彻夜不息的灯光。但是大家似乎并不了解这个邻居每天夜晚都在做些什么。

搬进新家后，尽管巴尔扎克身上还背着巨额的债务，但他仍旧迫不及待地为装饰自己的温馨的小屋添置了许多物件，甚至还有许多昂贵得近乎奢侈的东西。

他经常在工作之余流连于巴黎的一些店铺和市场，目的就是为了能够淘到自己喜欢又物美价廉的宝贝。连老巴尔扎克夫人都感到奇怪，几近身无分文的儿子究竟是用的什么招数把这些东西搬进自己的卧室呢？

巴尔扎克首先操心的是找些家具和摆设来布置房子的内部：他从蓝狐商店买来了价值 140 法郎的 3 块地毯；价值 140 法郎的黄色大理石底座的座钟；还有一个桃花心木书架，整齐排列着包着深红色摩洛哥羊皮封面的书；还有一些安特拉格的巴尔扎克家族的武器。

总之，他即使勒紧裤腰带也要使住处安排得大大方方，让家看起来要考究一些。讲究居住环境的奢华舒适，后来成了巴尔扎克越来越浓重的喜好，人们猜测着，也许这样做会让作家心里感到好受些。因为，置身于舒适奢华的环境里，就像一个饥饿的人进入了摆满法式大餐的梦里，这样他们会暂时忘记自己实际的困境，这样才可以让作家更安心地投入创作。

然而，有意思的是，无论巴尔扎克对卡西尼街这间房屋的布置有着怎样的追求，而他的工作室却永远都是一种风格的。

那里只有一张小书桌，这是无论走到哪里他都要带着的，好像离开了这张书桌他就写不出东西来似的。书桌对于巴尔扎克的意义几乎就是阿拉丁神灯，只要坐在桌子前，他就能够文如泉涌，下笔有如神助；书桌又好像一条高科技的流水线，它能把巴尔扎克笔下的人物一个个飞速地生产出来，让他们活灵活现地蕴藏在书稿里，再交给出版公司，变成人们最喜欢的东西，销售到图书市场去。

此外，就是放在桌子上的一个烛台。这就是一个看起来很普通的烛台，它和邻居家的烛台几乎没什么两样。可是这个烛台也是巴尔扎克不可缺少的工作工具，是陪伴他终生的一个忠实伴侣。它陪着他度过了无数个不眠之夜，帮助他创作出无数不朽的文学巨著。

此外，还有一架碗橱，那可不是用来放碗的，而是他的纸库，他的纸张和稿件都存放在这里。其他的，就是各种极尽装饰之用的工艺品和奢侈品。

走进巴尔扎克居处的人们都有一样的感觉，这里就像一个富丽堂皇的僧院，而巴尔扎克无疑就是那个执着于梦想的苦行僧。连巴尔扎克都没有想到，在卡西尼街，他能够一住就是9年。作家笔下的成百上千的人物就是在这里粉墨登场的。

不仅在居室的布置上，巴尔扎克在穿着打扮上也开始奢侈起来，这和他从前简直判若两人。他在巴黎的黎塞留街108号比松裁缝店订制了价值45法郎的黑裤子，白色背心合15法郎，卢维埃蓝细呢礼服合 120 法郎，黑白人字呢裤子合 28 法郎。

他那出人头地和一鸣惊人的想法使得他已对采购事务不屑一顾。让别人，其中包括忠诚的塞迪约，用期票、各种汇票、拒绝证书等去应付他自己，他想尽快享受尘世快乐，哪怕冒早死的危险。

尽管在居住方面豪奢了些，巴尔扎克还是经常遭遇生活的窘迫。居住环境的奢侈，衣着服饰的华美，都抵挡不了巨额债务的压迫。这是没有办法改变的事情，他就像现在信用卡刷爆了的卡奴一样，每天为一口饭食斤斤计较着。这个青年人每天睁开眼睛即使不喝一口水也等于是在花钱，因为那些巨额的利息在翻滚和加倍。

所以，巴尔扎克只能每天花 16 个小时疯狂地写作。但是，这一次，他写的东西与从前的商业小说不再相同了，这一次他要为成为法兰西的伟大作家而战。

首部署名的作品

1828年4月以后，巴尔扎克在债务缠身的情况下又重新拿起了笔。其实，在他经商的几年里也未中断过写作，只是主要精力不放在上面。而今，写作成了他的主要工作。

巴尔扎克期望，一方面通过写作挣钱来还清债务、维持生活；另一方面，通过写作来实现艺术家的崇高使命。

1828年，巴尔扎克从争钱夺利的商场上被摔打得头破血流、遍体鳞伤的时候，他陷入了极度的悲哀和无所适从之中。

债主凶狠地逼债，法警半夜三更来敲门，母亲喋喋不休地抱怨，他一刻也不得安宁，他再次感到茫然，不知道该怎么办，未来的路如何走！

这种迷茫、困惑以前他也有过。10年前处女作夭折，父母供给的资助到期，而他一无所有的时候，他为自己未来的命运担忧，但那时没有外界对他施加的过大压力，心境要比这时坦然得多。而现在他只感到心灵的负荷太沉太重，他感到自己几乎要爆炸了。

他闭门不出、独自思索，经过了好几天的心理调适，巴尔扎克内心里潜藏着的那股生命活力，那动摇不了的最根本的乐观精神和勇气恢复了，他自信地看到商战中他的惨败，主要是天才没有用在该用的地方，不是他缺乏能力的表现。他要写作，他要履行10年前的誓言，他要用他的笔描绘这个时代的社会与文化，他要成为无人匹敌的大作家。

10年磨一剑，他已经积累了10年，苦苦地等待了10年，他要把10年来观察、分析、体验、思考、想象到的一切全部写出来，奉献给法国，奉献给欧洲，奉献给整个人类。

在巴尔扎克看来，艺术家的崇高使命就是要"使事物改观"，"使人类力量获得新的发展"，他下决心要在文学上轰轰烈烈地干一番了。

巴尔扎克这时还没有出名，还没有到上流社会的沙龙里去光顾的机会，还没有受到奢华生活的过分引诱，所以，他尚能过淡泊、宁静的简朴生活。他除了把卧室、起居室、小浴室做了力所能及的布置以外，对他的书房，他把它弄得像一间囚室。在这间囚室里，唯一的装饰品就是壁炉架上醒目地立着的那尊拿破仑石膏像。

在当时的欧洲，不少人都对拿破仑十分崇拜，一些伟大的人物都赞颂他，普通的法国人把他看成永恒的皇帝，永远进取的征服者，法兰西民族的一根精神支柱。

纵然拿破仑自己也认为他是时势造出来的英雄，他的儿子不能代替他，就是他自己恐怕也代替不了。但在当时欧洲的文学界，特别是那些诗人，如普希金、拜伦及稍后一点的年轻的莱蒙托夫等人都为他写过流芳百世、激动人心的诗篇，把他自觉地描写成一位高居于世界小小老百姓之上的威力无比、命运非凡的大人物。

当然诅咒、抨击拿破仑的也大有人在。不论别人怎么评价拿破仑，也不管历史会对他作怎样的结论，反正巴尔扎克最崇拜的人物就是拿破仑，他心中的那个年轻的将军、皇帝和征服者。

巴尔扎克崇拜拿破仑，甚至对自己的母亲早年曾得到过拿破仑的垂青，两人有过一段罗曼史也津津乐道，引以为荣，还引起过他的狂热的幻想。

他曾经拿自己和父亲反复比较、对照，觉得和父亲有不少相似的气质，永不枯竭的活力、顽强的意志、好投机冒险等，都可谓一脉相承。

有时，他又怀疑自己血脉里流的不是父亲弗兰苏·巴尔扎克的血,而可能是科西嘉人拿破仑的血,否则,他们两人怎么会有那么多相同的内在的东西:惊人的记忆力,丰富的想象力,意志坚强,不屈不挠,孤傲,自高自大,藐视别人,总之都具有征服者的气质。在他们看来,地球就为他一人而运转,世界也为他一人而存在。

巴尔扎克久久地看着拿破仑的那尊石膏像,脑海中不断翻腾着这位征服者建立的一桩桩丰功伟绩:挥戈跃马,打了40次大胜仗,征服了欧洲,征服了封建势力;颁布拿破仑法典,成为其他资本主义国家制定民法的楷模;收拾国内混乱的残局,建立法兰西帝国,体现出无与伦比的政治才能;与教皇签订《政教协约》,使一股反动势力竟变成为自己统治服务的驯服工具。

还有拿破仑最崇拜的那些意志坚强的征服者,如征服世界的亚历山大,罗马帝国的创建者与重建者恺撒、奥古斯都、查理大帝等也一一地在他脑海中映现出来。特别是拿破仑成名之前的默默奋斗、苦苦等待,使他与这位叱咤风云的人物距离拉近了,他不由得由过去仰着身子去看拿破仑的姿势,改为平视了。

巴尔扎克被拿破仑的雕像及他的历史伟绩和身世所吸引,很久都不能回过神来。他想,拿破仑就是激励我前进的一股动力,那凝眸逼视的样子难道不是对我的挑战?英雄只有找英雄挑战,是绝不可能找懦夫去挑战的。何况他自幼就立志当伟人、做英雄人物,他曾经拍着前额像大革命时期的法国诗人安德烈·舍尼埃那样对自己说:"这里面有点东西!"

这点东西他要把它拿出来,展示给世人,像拿破仑把自己的才华、智慧拿出来,叫人们佩服得五体投地一样。有朝一日,巴尔扎克也要在法国建一座炫耀光荣和辉煌的凯旋门!

巴尔扎克常常在心中为自己编织美好的梦想,后来他借《驴皮记》中拉法埃尔·瓦仓丹的口说:

我绝不愿要一个在他的梦中没有给自己编桂冠，没有为自己的雕像建台座或者占有几个殷勤的情妇的青年人做朋友。我嘛！我常常想自己是将军，是皇帝，也曾是拜伦，而最后，什么也不是。在人类事业的顶峰上神游过之后，我发现还有无数高山需要攀登，无数艰难险阻需要克服。

这种巨大的自尊心在激励着我，又绝对相信命运，我想一个人要是在和纷纭的世事接触之后，不让自己的灵魂给撕成碎片，就像绵羊通过荆棘丛时被刷下羊毛那样轻而易举，那么他也许会成为天才，正是这一切挽救了我。

为进一步鼓舞自己的斗志，实现心中的梦想，巴尔扎克面对拿破仑的雕像写下了一行气势磅礴的应战宣言：

我将要用笔完成拿破仑用剑所未能完成的事业！

这是多么宏大的誓愿！被认作法兰西英雄的拿破仑尚未完成的业绩，他将把它完成！这是由内心发出的一股暗劲。有了这个劲头，才会有《人间喜剧》。也可以说，有了这个劲头，就有了《人间喜剧》。

巴尔扎克要成为真正的巴尔扎克了。一个真正的巴尔扎克将要横空出世。

当拿破仑用他的剑锋杀出一个帝国之前，他也是屈居在巴黎的一间小阁楼里的。然而他用他的武力并没能征服欧洲。而巴尔扎克，用他的鹅毛笔，用他的稿纸，却要征服整个世界了。事实证明，他正是拿着他的武器，完成了拿破仑所没有完成的业绩。

巴尔扎克把这行字字千斤的宣言，工工整整地抄在纸条上，粘贴在拿破仑雕像的剑鞘上，不断地勉励自己全力以赴，直到有那么一天，也跟拿破仑一样出人头地、飞黄腾达，到达事业的巅峰。

巴尔扎克为自己的雄心壮志而深感自豪、骄傲，犹如得胜回朝的拿破仑，这时候，世界上的一切全没放在他眼里。他在空荡荡的书房中兴奋地走了好几步，直到自我平静了一下，才坐到桌子旁边来。

如果说以前的《克伦威尔》的创作是练笔的话，如果说和人家合伙写小说也是练笔的话，如果说近几年来的经商活动是学手艺的话，那么，30岁时，巴尔扎克的学徒期限满了。

他对社会有了深刻的了解，他对生活中的各色人物有了相当的认识，他对于如何去描绘这些人物和生活，也有了成熟的笔力。

现在，他可以成为自己的主人了。除了经商他才能不够以外，作为一个作家，他的才能可以说是纵横驰骋了。

巴尔扎克意识到他已经是自己的主人了，他认识到了自己的价值，他不能再像20来岁时那样不珍惜自己的名声了。

为了真正成为自己的主人，为了真正成为一名征服世界的作家，他的首要工作就是对自己负责任，对自己的工作负责任。

这种责任感，首先就是要亮出自己的姓名。借用假名，只能为自己的粗制滥造找到保护伞，靠了它，只能写出三四流的流行小说。

他决定和这种做法一刀两断，亮出奥诺雷·德·巴尔扎克的旗号。让这个名字督促他写出好的作品，也让那写出的好作品为这个名字增光。

如果说，10年前的巴尔扎克想从事文学，仅是为了从固定的像磨盘一样循环、枯燥运转的职业的厌倦中解脱出来，以另一种方式去获得荣誉、金钱、爱情的话，那么这时候的巴尔扎克发誓献身文学，却是经过了生活的长期锤炼，他的人格、才智、思维已完全成熟，要去充当征服者，做拿破仑第二了！

1828年，在巴尔扎克的一生中，是具有历史意义的年份。

正是这一年，他决定以自己的真实姓名跻身于已有众多的一流作家的法兰西作家群中。并且，他要和那些世界第一流的作家见见高低。

巴尔扎克决定，不仅要与他们媲美，而且，要超过他们。他在一本新书的序言中曾经充满自信地写道：

> 作者不愿把自己限制在一种叙事体的风格之下，因为在那种风格里，事实是使人昏昏欲睡地排列着，而动作则一步步地展开。而在今天必须用人人都能了解的方式描述。这种方法，已被若干天才的作家追寻了多少年，现在作者也希望加入他们的行列。
>
> 作者在本书中，试着把一个时代的精神重现出来，并将历史上一桩偶然事件赋予生命。他宁用活的口语而不用官书式的记录，宁写战争本身而不写战争的报告。而且，他采用了戏剧式的动态以代替史诗体的叙述。

早在两年前，巴尔扎克就有个创作构思。而其实，巴尔扎克的目标早已确定：还是仿效大名鼎鼎的司各特和新近刚崭露头角的美国小说家库柏写历史题材的作品。

不过，与10年前不同的是，他不再写时下人们已经不感兴趣的什么悲剧，也不是自己不熟悉的异国他乡的什么《克伦威尔》，而是一本小说，一部将为本国同胞所喜闻乐见的本国故事。其内容是写法国大革命时期于洛等共和党人前往旺岱地区镇压舒昂党人叛乱时发生的一则爱情悲剧。

所以要选定这一故事，巴尔扎克有如下三点考虑：

首先，这是一个国人关心的热门话题。眼下，波旁王朝复辟已届15个年头。由于王公贵族的倒行逆施，这政权早已是天怒人怨、摇摇欲坠了。

山雨欲来风满楼，一场新的革命已在紧锣密鼓的准备之中。鉴古可以知今，人们回首、关心大革命时期的往事已是情理之中的事。

其次，尊敬的柏尔尼夫人由于她家庭的特殊背景，对这段时期史实、故事乃至逸闻趣事知之甚详，向他提供了许多弥足珍贵的材料。

最后，这是至关重要的，他本人已为此做了两年多的准备并且已写下了一个题名为《英雄好汉》的小说初稿。

如今，巴尔扎克可以全身心投入写作了。他认识到，再也不能像以往那样凭空想象、闭眼涂鸦，必须对旺岱战争的环境与历史有从感性到理性的把握。

然而，真要将这篇小说写好，困难不少。他毕竟不大了解这段历史，毕竟不大了解旺岱地区和那里的布列塔尼人。为什么旺岱地区会成为法国贵族谋图复辟的老巢？为什么布列塔尼人会心甘情愿充当贵族的炮灰？当时平叛的具体经过是怎样的？他需要真实的、生动的细节，而这些在书本上是找不到的。

过去，巴尔扎克写中世纪故事可以驰骋想象，胡编乱造，而这次则使不得。旺岱战争离现在不过30年，许多目击者和参加者尚健在，不允许你随意涂鸦。否则，就难取信于人，自取灭亡。

并且，巴尔扎克深感叙述的文体至关重要。是用教科书的按部就班、平淡无味的叙述模式或浪漫主义的夸张笔调，还是另辟蹊径呢？成败在此一举，不可掉以轻心。

好在拿破仑时代刚刚过去，好多当年参加过"革命军"与朱安党人打过仗的人，现在仍然活着。

巴尔扎克从图书馆里借来当时人们的回忆录，研究军事报告，对任何微小的显得无足轻重的琐事也不轻易放过。研究并阅读了两三个月，能找的资料都找了，巴尔扎克仍不急于动笔，他决定前去朱安党人活动的场所捕捉第一手资料。

他觉得这还不够，于是决定动身去旺岱地区做实地考察。他好不容易总算打听到有一位当年与舒昂党人打过仗的共和党老军人叫德·

彭梅瑞尔的男爵还健在，并且现在正隐居在当年旺岱叛乱的发生地富热尔。

巴尔扎克赶忙给男爵写信，告知自己的创作计划，要求前往采访，急切而坦诚地请求德·彭梅瑞尔先生原谅他由于自己经济拮据而只好冒昧地在男爵家里食宿云云。

老人愉快地答应了他的要求，给他发了邀请书。接到信，巴尔扎克立即带着有点寒酸的行李，穿一套简直可以称得上褴褛的衣裤，挤上了一辆公共马车，坐上了一个最便宜的座位。即使这样，他也坐不了全程，只得中途下车，用他的短腿走完这旅途的最后路程。

当他风尘仆仆、满身汗污地出现在那位老战士的门口时，竟被认作是一个流浪汉了。

德·彭梅瑞尔夫人还将当时巴尔扎克登门时的情形记录了下来，她写道：

他是一个矮个儿青年，体态粗壮得很，由于衣服不合身，显得更甚如此。他的帽子十分可怜巴巴，一旦他摘了帽子，你看到他那富于表情的脸孔时，一切都被忘得一干二净。

此后我看到的只是他的脸孔了。没有见过他的人怎么也想象不出他的脑门是个什么样子！开阔的前额，看上去亮堂堂的，金棕色的眼睛，未言先语。

他鼻子方厚，嘴巴很大，老是咧着大笑，毫不注意他那参差不齐的牙齿。他蓄着浓浓的小胡子，留着长可垂肩的头发。

在那时候，特别是他初到之际，总的来看，他有点儿瘦，好像没有吃饱似的。通观他的态度、姿势、举止和说话的方式，他非常善良、天真和坦率，你一看到他，就不能不对他产生好感。

但是，他最显著的特点就是脾气总是很好，好得使别人都受到了感染。

巴尔扎克原打算在男爵家至多住两个星期，谁知却待了两个月。两人一见如故，越谈越投机。他虚心求教，详细询问，耳听手写，忙得不可开交。

他收集和捕捉到的许多动人情节和具体细节令他兴奋不已。为了如实写出当年德·韦纳伊小姐深入敌巢卧底的冒险之行，他还特地按她当年的行路图走了一遍。

正因为巴尔扎克掌握许多真实生动的素材，使得这部小说成了他文学生涯的一个真正起点。

至于叙述文体，巴尔扎克则是别开生面。正如他在《最后一个舒昂党人》导言中所写的：

几个有关人士出场，规定作者必须严格准确地描绘出他们的外貌，而且只允许他有画家的那份激情；那就是很好地展示肖像，布光显得自然，极力使人相信人物是活的。但是，对"准确"这个词需要解释一下。

作者并不认为这意味着承担了干巴巴地罗列事实的义务，以便表明直到何种程度上，人们可以使历史达到成为一具每一块骨头都细心地编上了号码的骨架。

> 时至今日，历史在其书页中展现的重大教益理应变得家喻户晓。按照几年来一些天才人物遵循的这一体系。本书作者试图将一个时代和一个事件的精神实质写进这本书中去，宁愿写争论，不要写纪要，宁愿写打仗，不要写战事公报，宁愿写戏剧，不要干巴巴叙述。

这番话是巴尔扎克对自己创作方法的最早表达。在巴尔扎克看来，"准确"不意味着死扣历史，为要写出"一个时代和一个事件的精神实质"，不妨可以写得生动些、丰富些，不必胶柱鼓瑟、刻舟求剑。

与日后成熟时期的创作理论相比，这番话说得比较含糊，不那么确切，不那么精练，但有一点是确定无疑的：他已开始走上了一条新的创作之路，即现实主义之路。

在写作期间，巴尔扎克忘掉了一切。他忘我地全神贯注地工作，几个星期之后，他写出了小说的最初几章，寄给巴黎的出版商拉杜什。

拉杜什对于发现天才有着伯乐的眼光，他立即预言巴尔扎克有成为伟大作家的希望。他的信心，虽然最初可能是诚笃而恳挚的，却不幸地写出一种唯物的形式。

他决定在这本他认为将来一定受欢迎的书上"下本儿"，并且知道巴尔扎克无力拒绝，便给他1000法郎作为这本尚未写完的小说的稿费。

在贫困的情况下，巴尔扎克自然没有选择的余地。虽然他从前不费气力地胡乱写几本书，口袋里就能装1500～2000法郎，而在他目前的情形下，却不能拒绝一笔1000法郎现款的出价。

然而，让出版商拉杜什恼火的是，巴尔扎克从前写流行小说，都是急就章，一部长篇，往往用不了个把月。可这次写《最后一个舒昂党人》却用了近一年的时间，如加上酝酿和写作初稿用去的时间，前后整整3年。

这一回，他发现非得常常去提醒巴尔扎克不可，他有点不高兴了。而巴尔扎克总不肯把稿子交出来，除非他自己认为满意才行。

然后，跟着来了更多的耽搁的缘故。当稿子最后从这位推三阻四的作者那儿费劲要出来，而且排好了版的时候，那版样却带着无数处修改更动的地方被巴尔扎克送了回去，以致还得重新付排。

拉杜什火了起来，说他由于这些无尽无休的删改，以致时间、金钱蒙受损失。然而巴尔扎克还是从容不迫。一种艺术家的责任感已开始确立起来。

出版商怪巴尔扎克何以变得如此拖拉，如此磨蹭，可巴尔扎克怎能不"拖拉"，不"磨蹭"呢？这可是他投身创作10年来第一次署上巴尔扎克大名的！

他第一次感到对巴尔扎克这个名字应负何等的责任，他决定要使这个名字不朽。他一生负债累累，经济事业不顺，这一切都没引起他多大的关心，而对于这次书稿的质量，对于书稿的一改再改，他却从未马虎过。

由于巴尔扎克的反复修改，他付给他的排字工人以更高的酬金。这些酬金，常常就是他自掏腰包贴补的。他的稿酬收入，往往也因此而减少。但他都不愿因此而放弃他的修改。这一惯例，大概就是由这时候开始的。

"10年磨一剑"，巴尔扎克用了10年的时间实现了它，当初以为只要两年即可走完的路。决定性的一步终于迈出了，姗姗来迟的《最后一个舒昂党人》宣告了巴尔扎克创作生涯的真正开始。

终于，在1829年3月中旬，巴尔扎克的第一本以严肃态度创作的小说《最后一个舒昂党人》出版了。

在书的正中，巴尔扎克工整地署上了自己的真实姓名："奥诺雷·德·巴尔扎克"。《人间喜剧》的序幕由此拉开。

在《最后一个舒昂党人》这部小说里，体现了巴尔扎克的共和主义理想，强烈地显示出了他的现实主义倾向。而全书的艺术水准也达到了一个相当高的程度，对于故事场面的展开，技巧显得十分成熟，军事细节写得活灵活现，尤其是全书的布局和连贯性更体现出了他的大家手笔。

巴尔扎克做到了该书序言中所说的，"再现一个时代精神"和"将一桩历史事件呈现于眼前"，而且做得极为成功。

但是，当时巴黎的文艺界和批评界，被一些庸俗文人所垄断，因此大家对这部作品反应十分冷淡，批评界个别的声音传出来，也仅仅是刺耳的指责，说巴尔扎克的这一作品是"风格上的越轨"。

而且，当时法国读者的欣赏口味也还未能迅速跟上来，他们没有办法立刻接受一个陌生的"奥诺雷·德·巴尔扎克"，他们觉得这部小说巴尔扎克没有以前写得好。在一片批评之声下，致使这本书在头一年仅卖掉444本，远不如《汝纳勋爵》或《圣·沃般》的大作好销。

为此，巴尔扎克一度感到十分沮丧、气馁。如果是过去小说工厂的作品只卖掉444部，他不会太叹息，可《最后一个舒昂党人》是他的呕心沥血之作啊，这部小说绝非剪贴拼凑而成的。这部小说是他精心设计、巧妙安排的杰作。他不知为此付出了多少努力和汗水，为了这本书，他失去了丰腴、红润的脸庞；为了这本书，他放弃了与柏尔尼夫人相聚的时光；为了这本书，他得罪了待他不薄的朋友；为了这本书，他损失了那极其难得的法郎。

这部书简直就是他至爱亲人，这部书就像是他身体会聚的精华所在，可是它却没有人欣赏，没有人喝彩！这是让巴尔扎克非常恼火的事情。

在巴尔扎克深感懊丧的时候，柏尔尼夫人及时给予他鼓励，她说:"干下去,亲爱的,人们从四面八方看着你,但并不高叫着赞美你。"

　　巴尔扎克从这激励中恢复了信心,增添了勇气。他自己后来也深刻地认识到,如果没有天才的意志,没有那种超人的耐性,在命运的摆弄使你同目的隔着一段距离的时候,你不能继续向无限的前程奔波,那就不如趁此放弃。对于社会,永远都是那样,它先要看到你辉煌的成绩,才肯承认你的本领。因此,巴尔扎克调整了心态,轻装上阵,一鼓作气地朝着既定的目标奋进。

取得了初步成功

在巴尔扎克还在写《最后一个舒昂党人》的时候,出版商勒瓦瑟尔发现了他住的地方,便去拜访他,毫不客气地提醒他,说在一年以前为一本巴尔扎克要从事写作的书而付给过巴尔扎克200法郎。

巴尔扎克已忘掉这件买卖,勒瓦瑟尔却坚持一定得履行他的合同。巴尔扎克不愿打断了正经工作去写一本流行小册子,便向他的债权人提出一个变通办法。

在他的旧稿中,他有一本婚姻法典《婚姻生理学》,这本书在他自己的印字馆里是排印过的。如果勒瓦瑟尔同意,他准备修订一下这本旧书来偿他的债。

勒瓦瑟尔大概也知道从这位不值一钱的作者身上,决没有机会把200法郎再要回来,他便答应了这个提议。

巴尔扎克就开始工作了。但在他写完时,原作已所余无几。近年来,他正读了许多拉伯莱的作品,于是他便用一种充满热情趣味的风格,代替了他从前模拟斯特尔纳·劳伦斯所具有的冷漠。

正像在《最后一个舒昂党人》中开了头的那种创作态度一样,这本抵债小说的手稿交给出版商时,也已是面目全非了。

原作中的内容已所剩无几,他几乎是重新创作了这部小说。

这部作品,巴尔扎克用了一种崭新的创作风格,而且采用了很多充满兴味的故事,使这本抵债之作成了一本光芒四射、谐趣横生、圆润流畅的作品。

它的大胆的奇论,有侮弄性的媚劲儿和幽默的怀疑,引起了社会强烈的反响,对它展开了讨论。其中,肯定否定的意见都有。这本书尤其得到了一些妇女的喜爱，惹得她们又气又乐。她们纷纷给他寄来信件，恭维它或批评它。

这本书在几个星期内，成了一切沙龙中唯一的话题。巴黎人的好奇心终于被巴尔扎克打动了。他成了人们一时谈话的对象，成了名人。他从此就进入了巴黎文学作品的主要"票据交换所"的瑞卡米耶夫人的沙龙。

而他在另一个文学沙龙苏菲亚夫人的沙龙时，他结识了已经成名的作家雨果和拉马丁。

巴尔扎克踏上了成名的第一个台阶。在这个台阶上，就已展露出了他的多才多艺。

巴尔扎克后来还把著名的小说《幻灭》献给了雨果，献词是这样写的：

先生，您兼具拉斐尔和皮特之天赋，在常人还微不足道的年纪，已成为鼎鼎大名的诗人；您像夏多布里昂和一切有真才实学的人一样，跟藏在报纸专栏背后或报馆地下室里的忌才之徒着实经过一番较量。

时人认为本书既是真实的故事，也为胆识的凭证，现谨奉献于您，但愿阁下的赫赫盛誉有助于这部作品蜚声文坛。新闻记者，不也跟侯爵、阔佬、医生和法官一样，成为莫里哀笔下及其剧院舞台上的人物吗？

巴黎的报界是从来不肯放过任何故事的，为什么这部以嘲笑来匡正世风的《人间喜剧》倒要放过这股势力呢？

先生，我谨致此言，不胜欣慰之至。

雨果也在后来巴尔扎克的沉浮中，始终如一地支持他，关爱他，甚至在与布洛斯的官司中，在舆论差不多一边倒的情势下，雨果不惧压力，尽可能地维护巴尔扎克的声誉。

巴尔扎克与雨果的友谊，不仅是文坛的一段佳话，也是他之所以能战胜一些同行们的嫉妒、毁谤、出卖、偏枉不公、奸诈、残酷等邪恶的考验，不顾一切，奋勇达到事业巅峰的一股精神力量。

在1830~1831年两年的时间里，他竟写出了140多种作品。其中包括长篇小说、短篇小说、评论、小品、政治纪事、报告文学等。如果把这两年所写的作品加起来，用两年的时间去除的话，那么他每天平均出版了16页书。

这是说的出版，当然没有包括他修改而未出版的东西在内。如果要加上这些东西的话，那他每天的工作量就没法计算了。

这一时期，几乎每一家报纸和刊物上都有巴尔扎克的名字。他的作品是各式各样的，有文艺的、政治的、哲学的、生活的等。

他写作的面是那样宽广，又是那样深刻，不得不令人折服。浏览他这时期的作品，如同进入了一个五光十色的新奇世界。他写有《打扮哲学》《烹调生理学》《拿破仑评论》《从手套研究道德》《圣西门的门徒与圣西门主义者》《食品店老板的意见》《捧角家》《银行家》《引起骚乱的方法》《一瓶香槟酒的道德》、《雪茄烟生理学》等。

然而，在这五光十色的纷杂世界中，还能找到一夜之间写成的完美的杰作，如《沙漠里的爱情》《恐怖时期的一段插曲》《刽子手侯爵》《撒拉逊女人》，从这些作品中，使我们看到了一位长于撰写短篇小说的大师。

巴尔扎克非常勤奋。他一天伏案工作至少12个小时，经常达18个小时。他告诉母亲：

> 我晚上6时起床，修改《最后一个舒昂党人》。然后从20时至早上4时，利用8小时来写《战役》。白天我修改晚上写下的东西。这就是我的生活。

从半夜至中午，就是说要在椅子里坐上12个小时，全力以赴地书写、创作。然后，从中午到16时修改校样；17时半我才上床，半夜又起来工作。

他自己也称这种创作方式为"可怕的劳作"。有时几个星期甚至一两个月都沉湎于这"可怕的劳作"之中，忘记了现实世界的存在，而潜心于他所虚构的"小说世界"。

在《贝姨》中他写道：

持续不断地工作是人生的铁律，也是艺术的铁律。

人的能量总是有限的，即便是精力充沛过人的巴尔扎克也总是有极限的。为了使自己大脑始终处于紧张兴奋的创作状态，他大量地饮用咖啡。

超负荷的刻苦劳作换来了神奇的效率。他曾经写道：

《卢日里的秘密》是我一夜之间写成的，《老姑娘》花了3个晚上的工夫，《该死的孩子》的最后部分"碎了的珍珠"写了一个晚上，《无神论者做弥撒》和《法西诺·加奈》也是这样写出来的，我在萨什，用了3天时间，写成《幻灭》开头的100页。

在巴黎新闻界，如此多才多艺与如此机智，并不算怎么了不得。可惊人的是：在这种五光十色迎合潮流的陈列之中，竟可能找到了能够流传百年之久的、完美的杰作，虽然这些杰作和他那些过眼即逝的作品一样，只拘于一个小小的范围，并且用同样的速度，也只在一夜之间就写成了。

他是一位有写短篇小说技巧的大师。他越顺着他所选择的道路前进，越发觉他能做些什么。用他描写巴黎日常生活的写实手法，如《妇女的研究》《三十岁的女人》之类的小说，创造了一个全新的典型，那种"被误解的妻子"的典型：因结婚而幻灭，由于丈夫的冷淡与不专心而丧魂失志，就好像害了什么神秘的疾病似的。

这些小说，在我们现在的眼光看来，有点过于呈病态美，因为它们的感伤气氛未免太重，同时，由于缺乏现实性及客观真实性，以致把它们损坏了。

可是在当时，却得到了许多热心读者的赞同。在法国以及其他地方，无数女人感到她们是被误解的，都认为自己在巴尔扎克身上发现了一位能诊断她们忧愁的医生。

她们认为他是她们的辩护人，为她们在国家法律与资产阶级道德方面所犯的过错加以抗辩。在意大利、波兰、俄罗斯，都被人以同等的热心阅读着。

他用他首创出来的口号"30岁的女人"，来宣布那种过了早期青春的女人恋爱的权利。

1830年4月问世的《私人生活之场景》，不仅在法国被读者以极高昂的热情广泛地拜读着，而且在意大利、德国、波兰、俄罗斯等国家，也拥有相当的读者。

即使是大名鼎鼎的歌德，都曾向其秘书表示过对巴尔扎克杰出的文学才能的惊异，同时代的法国女作家乔治·桑甚至扬言：为看上巴尔扎克一眼，她徒步走上40英里也乐意。

不仅是他的那些女性读者，在小说里把她们所喜欢的角色当成了自己，带着顾影自怜的倾向，沉溺于她们的自感薄命。

甚至于连一位相比她们要严肃得多的裁判官，也不能不为这位一跃而入文坛的青年作家之多才多艺与集中的力量所惊奇。

他在《红色旅馆》中的简明的描写力，得到了当时一位严肃的批评家的肯定。他的《无名的杰作》，也为同行们所惊讶。如果把巴尔扎克这一时期的五花八门的作品看作一个缤纷耀目的万花筒的话，那么，组成这万花筒的每一个小镜片所反射出来的，都是一道道天才的光辉。

这一时期的小说从主题看，不外是探讨爱情的和金钱的魔力。其中著名的是《高布赛克》、《苏城舞会》和《驴皮记》。

《高布赛克》写得早，立意深刻，说是为高利贷者立传，实是为拜金主义画像。

《苏城舞会》是《高布赛克》的姐妹篇，为阐发《高布赛克》的主题曲提供了一个生动的实例。同是出身于贵族家庭，艾米莉小姐因观念陈旧、不知交往，只得委身于一个七旬老翁埋葬了自己的青春。而深悉金钱奥秘、八面玲珑的马克西·米利安则春风得意、飞黄腾达。

巴尔扎克为自己初步的成功感到喜悦、骄傲、陶醉，得到胜利鼓舞的巴尔扎克，创作欲望更强了。

这时候，他又看到了拿破仑的那尊石膏像，看到了那凝眸而视的挑战，他勉励自己，要用笔去完成"皇帝"用剑所未能完成的事业，要征服欧洲、征服整个世界。

1831年，一部以他自己为原型的以哲理深刻见长的作品《驴皮记》问世了，它虽然不是《人间喜剧》中最精彩的作品，但却是最重要的作品。

经过整整10年的奋斗、挣扎，尝尽了人生的诸般味道，深刻地体验了金钱的威力和贫穷的痛苦之后，巴尔扎克终于从自己的经历中，从自己的亲身感受中，把他的艺术才华喷发了出来，特别是他利用他的肉眼和"精神之眼"看出了人类的精神矛盾：为谋求生存，需要耗费巨大的精力，而要追求某种巨大的快乐，满足某种强烈的欲望，则要付出生命的代价。

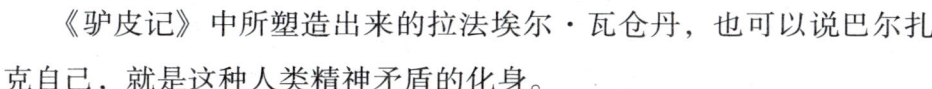

《驴皮记》中所塑造出来的拉法埃尔·瓦仓丹,也可以说巴尔扎克自己,就是这种人类精神矛盾的化身。

长篇小说《驴皮记》以一张驴皮的神奇故事告诫人们,一味追求欲望的满足,迷信金钱的结果将意味着什么。

主人公拉法埃尔,出身于破落贵族家庭。一天,深受贫困和失恋折磨的拉法埃尔在赌场输掉最后一枚金币后,决定跳塞纳河自杀,忽然又觉得白天跳河有碍观瞻,信步走进一家古董店。

店老板看透他的心事,愿意让他延长自杀期限。

古董商细心地以自己的经历开导拉法埃尔,他说:

人类因为他的两种本能的行为而自行衰萎,这两种本能的作用吸干了他生命的源泉。有两个动词可以表达这两种致死原因所采取的一切形式:那便是欲和能,在人类行为的这两个界限之间,聪明的人采取另外一种方式,而我的幸福和长寿就是从它那里得来的。

欲焚烧我们,能毁灭我们。但是,思想却使我们软弱的机体处于永远的宁静境界。这样,欲望或愿望,便都在我身上被思想扼杀;动作或能力都被我的器官的自然作用消除了。

简言之,我既不是把我的生命寄托在容易破碎的心里,也不是寄托在容易衰萎的感官上,而是把它寄托在不会用坏、比其他一切器官寿命都长的头脑里。

一个物质的占有会使我们留下什么呢?不过是一个概念。请你设想一下,一个人能把一切现实的东西都铭刻在他的思想里,把一切幸福的源泉都输送到他的灵魂里,排除一切尘世的污垢,从而提炼出无数理想的快乐,那时候,他的生活该是多么美满呀!

思想是打开一切宝库的钥匙，它给各啬人提供快乐，而不会给他带来麻烦。我就是这样在世界上逍遥，我的快乐始终是精神上的享受，我的放纵便是欣赏海洋、各民族、森林和高山，我什么都看过，可这是安安静静地看，不让自己疲劳；我从来没有渴望过任何东西，我在等待一切。

我在世界上漫步，就像在自家的花园里那样。人们的所谓忧愁、爱情、野心、失败、悲哀等，对我来说，都不过是被我转化成梦幻的一些观念；我不是在感觉它们，而是在表达它们，演绎它们，我不让它们吞噬我的生命，却把它们戏剧化，把它们提高；我用它们来娱乐，就像我运用内心的视觉来阅读小说。

年老的古董商不厌其烦地向拉法埃尔讲述了这么多，归之为一句话，就是要他以精神享受代替物质享受和追求。对此，拉法埃尔说：

希望你爱上一个舞女，那时候你就会懂得放荡生活的快乐，也许你会变成一个挥金如土的浪子，把你以哲学家风度攒积的全部财产通通花光。

最后古董商无奈，他向拉法埃尔出示了一张来自东方的驴皮，上面写有梵文："要是你只有我，你就会占有一切，但你的生命也属于我。这是神的意志。希望你的愿望将得到满足，但需用你的生命来抵偿。你的生命就在这里。每当你的欲望实现一次，我就相应缩小。"

发财心切的拉法埃尔不计后果，真的挥起驴皮来，于是顷刻间果然成了拥有年收入20万法郎的阔佬，但却过着刻板无聊的生活。

这时，命运将他心仪的少女保琳送到他面前。就在情侣俩热烈拥抱之时，彼此发现对方的生命已随着驴皮在不断缩小，终于双双气绝

身亡。

在驴皮记里，巴尔扎克第一次表现了他真正的元气。他把小说当作社会的一个横切面，去写那错综复杂的高高低低的阶层，贫乏和富有，急需和浪费，天才和资产阶级，巴黎孤单的顶楼和热闹的沙龙，金钱的势力和它的无能等。

敏锐的观察家与批评家，已开始把真实感加到那个感伤的浪漫主义者身上。《驴皮记》的一个浪漫的特征，乃是那个从《天方夜谭》里，把东方童话移植到1830年的巴黎来的意念。

更多的浪漫特性可以在那个冷酷的福多尔伯爵夫人以及和她对照的人物保琳这两个人物中看出来，前者是一个宁愿奢侈而不愿恋爱的人；而后者却是一个舍己为人的恋爱的女孩子。

可是，震撼了他同时代人们的巴尔扎克身上的现实性，和描写他自己求学时代的自传性的场面，却都是直接从个人经验中生长出来的。

那些医生们的争论与高利贷者的哲学，不只是在沙龙中窃听来的谈话的重现，而是真正角色们升华的本质。

《驴皮记》一问世，在当时就产生了很大的社会反响，人们争相购阅，互相讨论，一时称盛。年迈的歌德在去世前看了刚刚出版的这部书，立刻产生了极大的兴趣，欲罢不能地读下去，认为"这是一部新型的小说"，甚至在病中他还要设法每天读它几页，过过瘾。

这时候的巴尔扎克，无论是以成人论或艺术家论，还是人格论，都趋于成熟了。如果要给巴尔扎克的一生划分个期限的话，那么，从此，他就进入到人生的后期，一方面，他以狮子般的勇猛，继续投身于文学创作，创作了大量流芳百世的名作，无情地耗损着自己的生命；另一方面，他追求奢华生活，向往贵妇人的爱情，生活态度发生了很大的变化。

《高布赛克》《苏城舞会》《驴皮记》是写法不同的三部现实主义

作品，一个带有明显的浪漫色彩；一个以精雕细刻取胜；一个则诉诸象征寓意的手法，但它们所叙述的故事，所表现的主题，所蕴涵的人生哲理是相同的。

这三部作品的发表引起了强烈的反响，连诗人歌德也为《驴皮记》的深刻哲理和绝妙表达叫好。

从《最后一个舒昂党人》到《驴皮记》，历经3年的艰苦奋斗，巴尔扎克终于为自己的创作开辟了一条康庄大道，走向辉煌。

经过了10年徒劳的摸索，巴尔扎克发现他真正的事业，乃是做一个当代的历史学家，给那个奇形怪状的，自称为巴黎、法兰西，或者世界的有机体做心理学家与生理学家，做画家与医生，做审判官与文学创作者。

如果他最先的发现乃是他自己工作的巨大能力，则第二个，而且并不次要的一个发现，乃是运用这种力量的目的。当巴尔扎克找到他的目的，他就找到了自己。

正如歌德一样，甚至于在《少年维特之烦恼》与《柏尔里卿根骑士》成功以后，仍旧不敢自己承认，说他的天才是为文学而生的，并且也只是为文学而生的。

同样，巴尔扎克甚至于在写《驴皮记》之后，他还不自信文学就是他真正的事业与命运。事实上，他是那些有天才人们中的一个，他们的天才是在他们所采取的任何方式下都能显耀出来的。

当轰动一时的《驴皮记》出版后，巴尔扎克对他的创作才能也抱有怀疑态度。

尽管在少年时代他是那样坚决地拒绝了律师事务所的体面工作和固定收入，而去从事文学创作，而当他一旦做了，而且取得了一定成绩之后他却对自己的能力产生了疑虑。

这可能正是那种"初生牛犊不怕虎"的相反心态，似乎也是可以理解的。因为不经事不知其中之艰难。他越是实践之后越是感到这一事业的难办，所以，有一个时期他动摇在从政、从文的两种选择之间。

1830年的七月革命，又把中等阶级置于当权的地位，并且有为的青年人有很多施展本领的机会。法兰西议员，能够升得像一个拿破仑时代的25岁至30岁的陆军上校那样快。

巴尔扎克几乎决定为政治而放弃文学。他把自己掷入政治的热情当中，并且希望获得康伯瑞和福瑞尔两地全体选民的支持。

他希望掌权者，或者那些选举人会对他略表好感，这可能就是他野心所要采取的途径了。他可能变成一个法兰西的政治领袖，甚至他可以成为拿破仑第二。

然而，他的天才不是用来征服议院、交易所的，而是征服全世界的。他的心又回到了他那简陋的书桌旁边来。而且，他为自己构筑了一个前所未有的文学世界。

他绝对不能漫无目的地一本一本胡乱地写下去，他为自己的创作构想设计了一个蓝图，"要把它们连成一个一切世情与一切生活形式的阶级组织"，那将是一个包罗万象，揭示人间悲欢的文学世界。

他预想到而且预见到了他的工作的下层平面图的轮廓。这就是他的《人间喜剧》的初步设想。只是在这时候，他并没有想到这个可以包容他全部作品的名称。

在他的工作刚一开始时，他就发觉，如果要使他或他的读者，对这广大的领域有窥其全豹的可能性，他要把许多的文章连成一个一切世情与一切生活形式的阶级组织。

当他把这些小说的第一部送给一个朋友的时候，他写道："我工作的下层平面圆开始有轮廓了。"

他会孕育了一个结果圆满的观念，使各个角色重现于不同的书中，这样，就可以代替一串毫无关联的小说，而创造出一部完整的有文学性的当代历史，包括了一切的阶级、职业、意念、情绪和社会状况。

这正如他所委托的查斯勒·菲拉瑞特所写的一篇序文中所说的那样，那将是一大组壁画，他写道：

> 作者已着手于描绘我们这个时代的社会与文化的工作。这个时代，由于它过热的想象和个人自利主义的优胜，在他看来是堕落的。我们将看到作者如何能不断地在他调色板上调合新色彩。
>
> 他如何按顺序地摹写社会阶层的每一段落。他把我们介绍给一个一个的人物：农民、乞丐、牧人、市民和内阁大臣。即便描画一个教士的图像，甚至于国王本身，他也决不畏缩。
>
> 当艺术家的因素在他身上开始占优势的一刹那，这个伟大的幻景已呈现在他的心里。

为还债四处躲避

巴尔扎克以如此惊人的速度进行创作，但是他并没有任何粗制滥造的嫌疑。巴尔扎克不但具有超人的勤奋，而且具有异常严肃认真的创作态度。他曾经写道：

在能写的时候，我就写我的手稿，不写时就进行构思。诉讼、债务或者疾病夺去每一页稿纸，都是在耗损我的生命。我从来也不休息。

此外，他视每部手稿都为"草稿"，在正式出版之前，从未停止过修改。由于他常常在校样上大肆删改，不知被出版商扣除了多少稿费，而且一遍一遍地修改到自己满意为止，使得有些段落与新作无异。

巴尔扎克发表的10页书或20页书，往往等于100页未发表的手稿，他精益求精，用在修改上的时间是创作时间的数倍、数十倍。

6月初，他离开了巴黎，去跟马尔冈一家人居住在一起。他还在他的雄心所产生的一个感情的蛊惑之下，虽然理智已经使他感到了无望。他最后用失望的公平的态度坦白地告诉卡罗·珠儿玛他的近况：

我现在得到爱克斯去，得到沙芜瓦去攀爬山岭，跟在某个也许要对我开玩笑的人后面跑，那些在你眼里无疑是个丑恶的贵族妇人之中的一个，这是有着天使一般美丽的脸孔之中的一个，在这美丽脸孔之后人们认为也必有一个美丽的灵魂。

她是一个公爵夫人，非常的谦逊，非常的可爱，又多情，又聪明，又娇媚，和我从前所看见的任何人都大不相同。一个遇到靠近的接触就从每一次的诱惑退缩回去的女人，一个说明爱我，可是如果她固执起来的话却把我看守在一个威尼斯宫殿的深处的女人，一个要我专门为她写作的女人。

就是这样的女人之中的一个，这就使得人家毫无保留地加以崇拜，如果她们要求的话，就得跪在地下，去征服这样的女人。这真是一桩最快乐的事。

这是只在梦境里遇见到的一个女人！对什么都要妒忌！噢！如果我能够跟你一块儿住在安古莲，靠近你的磨粉厂，既可以感到愉快，又可以心灵平静，倾听风轮机的转动，饱嗜冬菇，跟你和你的朋友们一块儿谈笑，而不是在这里耗费我的时间和生命的话，这对我一定是更好的！

然而，使他伤透脑筋的是经济上的悲剧又一次朝着他袭来。巴尔扎克正好跟米达斯相反。他的手所接触的东西并不能变成金钱，而都变成为欠债。

只有一条路可以拯救他，那就是回到他的写作上面来，而要写作就需要清醒的头脑。或者只剩下一个可能的办法，那就是逃。从巴黎逃出来，从爱情里逃出来，躲避他的债权人，逃到人家找不到他、碰不到他的地方去。

当然他所要写作的任何东西都已经事先卖了版权。动身之前那一天，他签订了两个合同，预支了1500法郎，作为几个月的零花之用。但是离开巴黎界线的时候他得付清1400法郎的债务，等到他登上驿车到沙妻去的时候，他所有的也只剩下120法郎了。

好在住在马尔冈家里的时候，他的一切需要都可以得到满足，他也没有什么花费的地方。他整天整夜地坐在房子里写作，只在吃饭的时候出来一两个钟头。

然而，静悄悄地坐在沙妻房子里却不能够降低巴黎家里的流水一般的开销。他得找到什么人来给他清理他的事情，减轻他的费用，并跟债权人争辩，平息商人们的吵闹，而他所知道的唯一能够负担这繁重的责任的人也就是他的母亲。挣扎了几年要脱离她的保护之后，现在他却被迫去谦卑地躲避在她的节俭理家的才能之下了。

母亲减少了他的家庭开销，辞退了多余的仆人，打退了商人们和查封产业的人的进攻，售卖了华丽的马车和马匹。她一苏钱一苏钱，一个法郎一个法郎地设法恢复他那崩溃了的财政，但是就连她，不久也毫无办法地面对着债权人的急速的突击。

房租还没有付清，房东要抄押家具。只面包店一家就拿来一张欠700法郎的账单。很难想象一个单身汉怎么会消费这么多的面包。

每天都有在巴黎金融市场上流转的汇票和期票到期需要收回，她在无可奈何之中就接连地给她的儿子写信，然而她的儿子却早就把还没有写出来的书稿版权卖掉了，他看不出有什么希望在他没有把这些书都写完之前，可以从出版家手里再弄出任何一个法郎。

就是每天做了24小时的工作，他也不能够付清过去几个月他所欠的债务。

境遇困苦的时候，他倒成为了一个最优秀的艺术家。忧愁在某种神秘的方式之下变为了高度内心的集中。他自己的解释也是最真切的："我所有的最好的灵感往往都是来自最为忧愁、最为悲惨的时刻。"

只有四面楚歌找不到出路的时候，他才能够跟被人追捕的麋鹿投入河水似的投身于他的工作。只有生路被断绝的时候，他才寻找到他的"真我"，这种情形再没有比这个风波频繁的夏季更清楚地表露出来。

他一方面给仍不回信的德·卡斯特里侯爵夫人写情书，计算着日渐减少的现钱，设法延期赎回期票，对付预先购买他的版权的出版家的追索，施用种种的方法去推延无可避免的破产。

另一方面他却写他的《路易·朗贝尔》，他的名著之中最有深思的一部书，在这部富有雄心的小说里，他希望能够胜过他所有的著述，而且也要证明他比他同时代的作家显得高明。

这表示他要放弃已往的作风，要跟这个为女性读者所爱戴的流行的浪漫派小说家告别，同时这也证明他要创作一部著作时的正直之处，这个著作在读者们正要求有刺激的言情小说和社会小说的时候是不会有大销路的，因而也就不能像后者能使他获得他那时最需要的物质上成功的机会。

正当出版家和书商等待着他写出一部司各特或古柏尔式的小说时，他却献身于一篇带有纯粹理性兴趣的悲剧性的故事的著作，他这种对一个理性英雄的观念是应当跟拜伦的《孟福勒特》和歌德的《浮士德》相并列的。

7月下旬，他把书稿送交给巴黎的出版商。在沙妻6个月的居留已经完成了他的著作目的，但是他的经济地位却并没有任何的改善。如果他再住在沙妻的话，结果就是麻烦朋友们的招待。

他显然不好意思向这些客气的人们借一笔小钱，因而暴露了他的穷困景况。幸而他总还有其他躲避的地方。他知道卡罗一家人一定会喜欢接待他，因为他们自己也跟教堂里的老鼠似的贫穷，他没有隐瞒他的穷困的必要，可以坦白地实说著名的巴尔扎克口袋里就连补鞋的钱都没有。

他甚至于都不能够坐邮车从沙妻到安古莲去，曾经一次备过一辆马车、养过两匹肥马的人现在却在烈日之下一直步行到杜尔去。到了那里，他才坐了邮车到他的目的地去，到达之时，囊中已空无一物了，他立刻向珠儿玛的丈夫借了 30 法郎。

卡罗夫妇曾经亲身经历过各种无常的浮华生活，听了巴尔扎克告诉他们他进退两难的情景时，他们不禁万分同情地笑了起来。

他们都尽其所能地拿出一切东西来供给巴尔扎克。他找到了一间清静的房子让他工作，他找到了愉快的空气，晚上跟他们一块儿谈天的时候找到友谊的深情。跟以往的情形相似，和这些坦诚的朋友们一块儿谈了两个钟头，要比他所认识的一切贵族的社会都能够使他更为快乐。

他的工作进行得非常顺利，短时间内他就写成了《弃妇》和《笑林》等好几篇故事，除了修正《路易·朗贝尔》的校稿以外。如果他每天早晨没有因为收到他母亲从巴黎给他寄来的向他要钱来还付数不清的债权人的信件时而受的苦恼的话，一切都是很美满的。因为他就是向人家借了小小一笔 30 法郎的债务都得跟他的傲气作过一次斗争，要弄到几千几万的法郎似乎是无法办到的。

巴尔扎克的黑暗时刻已经到来了。在胜利的两三个年头之中他曾经吹嘘说他能够付还他母亲所借给他的所有的钱。他沉醉在他的成功里，他相信自己的才能，所以，他就生活在丝毫不以金钱为主的生活方式里。

他以为可以依靠他在社会上的关系，相信可以跟一个富裕的女人结婚来寻找他的最后的安全计策。现在他却又像败家子似的不得不爬回家里来，谦卑地要求家庭的帮助了。

他的母亲居然能够说服一个老朋友德·兰诺瓦夫人借给他 10000 法郎。巴尔扎克答应去改变他的奢侈的生活方式，放弃他的挥霍的生涯，培养谦逊节俭的中产阶级的品德，用复利的方式去偿清他的债务。

巴尔扎克于 8 月 21 日动身，在利摩日稍作停留，他认真地游览了城市，又搭上驿车，几个小时后到达克莱蒙。

巴尔扎克不直接回巴黎，因为他接到日内瓦警察局的电报。他躲到布罗尼埃尔的德·贝尔尼夫人处，在那里找到友谊的宽慰和忘掉最近的羞辱。

巴尔扎克等着娶一位爱他的，有才华、风度、智慧、谦逊并有财产的完美的妻子。

信差给他送来了很多崇拜他的女读者的来信，这证明她们对他的艺术作品是很动情的。这里面不乏漂亮姑娘，当然也有丑女、老妇、精神失常者以及轻佻女郎。

找个理想的妻子就像是大海捞针，这些陌生的来信者有些成为他小说中的出色的女主人公。假如某一位小说中的女主人公钟情于埋头写作的作家，那在现实的生活中可是件倒霉的事。在巴尔扎克看来，他不知道他心中的人儿在哪里？到处都是粉黛裙钗，但哪里也没有知音。他再一次为自己的长相感到遗憾。

为生活拼命写作

巴尔扎克回到巴黎后，立即从幸福的云端栽到债务缠身的俗世的烦恼之中。他发现这里的一切比他预期得还要坏，欠他钱的人，保证要付给他钱的人，都没有履行诺言。只有他母亲始终如一地帮助他，可是他知道她自己并不宽裕。

1832年2月28日，正当巴尔扎克和他的朋友马尔冈一家人住在沙妻的时候，家人给他转来了一封引起他的特殊兴趣的信。

这是一封来自遥远乌克兰的署名为"陌生女子"的来信。信上印有"天神莫测"的字样。作为一位声誉日隆的作家，收到异性崇拜者的来信，在巴尔扎克早已是司空见惯。

不过，这封信却使他兴奋异常、受宠若惊。因为这封不速之信雄辩地表明，他的大名已传到数千英里之外的沙皇俄国。

更重要的是，写信人法文如此地道，不但能在遥远的乌克兰读到他的小说，还愿意支付30000左右法郎买下他总标题为《风俗研究》的一套选集的版权。这套选集共计12册，其中包括重印的《私人生活场景》《外省生活场景》《巴黎生活场景》。

直觉告诉他，兴许这位陌生女性就是自己多年来朝思暮想的理想佳人。巴尔扎克当然不会放弃这一天赐良机。

由于她没有写明地址，巴尔扎克在4月4日，在《法兰西新闻报》上登了一则启事："巴尔扎克先生收到了2月28日的来信，他对无法回信感到遗憾。"

几个月过去了，外国女人也没再有什么表示，可能是她没有看到启事。突然，在1832年11月7日，她来了一封很令人激动的信：

先生，您是一个老派人物，您的哲学思想属于长期从事律师事务所熏陶出来的，也是老古董。然而，听说您很年轻，很想结识您，但又想并不需要。

　　我读了您的作品，心情十分激动，您使女人具有她应具有的尊严，爱情是女人的天赐美德，是天性的流露。您有这种令人羡慕的敏感，真令人钦佩。您应该分享到天使的姻缘，您的心应该有从未享受过的幸福。

　　外国女人会爱您和您的作品，愿意和您交朋友，她也知道爱，就是这么回事。啊！您明白我的话？对您来说，我是外国女人，这将是我的全部生活，您将永远不认识我。

　　我尊敬您的才能，向您的心灵致敬，我愿意当您的姐妹，和您在一起，就会了解正义、道德和良心。

　　经过几个反复，巴尔扎克终于探明这"陌生女人"果然是一个拥有万贯家财的女人，一个他梦寐以求的理想佳人。她就是韩斯卡夫人，巴尔扎克未来的妻子。于是乎，一场长达18年之久的马拉松式的恋爱开始了。

　　这位"陌生的外国人"出身于俄罗斯波兰裔贵族、伯爵之家，名字叫艾芙娜琳·韩斯卡。1819年，她嫁给比她年长22岁的伏尔伊尼贵族万斯拉·韩斯基将军。这位将军在乌克兰有文珠尼亚庄园，田产21000公顷，农奴3000多名，财产估计有数百万卢布。

　　巴尔扎克在写信给这个景仰他的外国女人的同时，对那个拒绝他的法国女人实行报复。在他看来，韩斯卡夫人具有所有的优点。

　　韩斯卡夫人买下了巴尔扎克总标题为《风俗研究》的一套12册的选集版权。合同签订以后，巴尔扎克高兴得快要跳了起来："这笔款子足以叫所有那些游手好闲的懒鬼、只知骂人不会干事的无能之辈和一帮文人通通气红了眼!"

虽说他还无法还掉借他母亲和柏尔尼夫人的钱,但是现在至少能够偿还那些催索得最急的债权人的债务了。尽管两个星期以后他还掉一笔 5000 法郎的欠款后,又变得"实实在在一文不名了",然而他并没有因此而发愁。

正如他所说的,他对"此等小小的战斗"已经习以为常,他明白经过两三个月的艰苦工作,就能够赚得更多的钱。

因此,对他而言,当前的问题就是认认真真地写作、日日夜夜地写作。

与此同时,他没有忘记趁热打铁。他无意让爱情冷却下来,所以每个星期都要给他的韩斯卡夫人寄去至少一封热情洋溢的信,既表示问候,又倾诉衷肠。

韩斯卡夫人在给她兄弟亨利·热武斯基伯爵的一封信中也写道:

> 在瑞士,我们结识了一位令人着迷的朋友,他就是巴尔扎克先生,《驴皮记》和其他许多优秀作品的作者。他成了我们真正的亲密朋友,我希望这友谊将维持终生。
>
> 巴尔扎克很像你,我亲爱的亨利,他像你一样快乐、爱笑、和蔼可亲,连他的外表都有点像你,你们俩都有点拿破仑的气质。
>
> 巴尔扎克真像个孩子,如果他爱你,他就像孩子一样天真直率地说出来。总之,你看看他这个人,简直难以想象,一位如此博学而且有很高造诣的人,在思想感情上,竟然如此纯真、可爱,充满稚气。

她还动情地写道:"有生以来,我还没有像在纳沙泰尔的七八月那样幸福宁静过。"

那里的山水草木，那里的居民，都引起她无限的爱恋。显然，她和巴尔扎克一样，不由自主地坠入了爱河之中。

1833年3月1日，巴尔扎克向她宣布又继续写《路易·朗贝尔》，"这是流行作品中最叫人伤心的一个"。反之，《乡村医生》对他来说只不过是"诗歌形式化的耶稣基督的模仿作品"，至于《战役》，这可能是一本雄浑有力的会引起轰动的作品。他对韩斯卡夫人说，最使他恼火的是，在读以前写的作品的版本时，发现文笔笨拙的"《驴皮记》再版了，我又发现某些错误，这是诗人的忧伤"。

有人在新闻报刊上批评他文体松散。他对她畅所欲言，非常愉快，以至于难以停止讲知心话，他告诉韩斯卡夫人："那些人从四面八方向我叫唤，说我不会写作，我早就说过，这样说话太叫人伤心，因为白天我写新作，晚上修改旧作。"

信来信往，他们之间的激情不断增长。韩斯卡夫人想知道她心上人的一切。她小心翼翼地询问那些在巴黎碰到过巴尔扎克或听到过谈论他的波兰人。有些消息使她吃惊也使她不安。她将情况告诉了巴尔扎克，巴尔扎克进行了辩护。

巴尔扎克专心致志地与韩斯卡夫人通信，在1833年初，花费时间很多，堆了不少订单。《路易·朗贝尔》一书出版后未获成功，读者不买账，批评家抨击，巴尔扎克觉得写这种难懂的神秘的作品不成功，不能再写。

他只好重新脚踏实地写现实的作品。由于《巴黎杂志》与他订约，他匆忙地编写《法拉居斯，行会师傅的领班》，这是《十三太保的故事》的第一部分，他想，此书故事情节不可能为爱好神秘故事和阴谋故事的读者所欢迎。

巴尔扎克的这本小说，是在充满怨恨的心情下写的，他既揭露了某些女人的媚态，又描写了贵族阶层的利己主义，十分触目惊心。他靠高浓度的咖啡提精神，通宵不眠。他轻率地与一家出版社签约，这使他精力耗尽。他主要的慰藉是友谊。

但是，奇怪的是他拥有的都是女性的友谊，而且或多或少地带有爱情色彩。他的周围朋友中没有男性，也没有友好的伙伴和可以依靠的知心人。《十三太保的故事》的作者已完全没有男性的共谋者，他只能在女性朋友那里找到爱和忠诚。

由于纳卡尔医生坚持要求他休息一段时间，他也就答应珠尔玛·卡罗的要求在4月和5月到吊古莱姆火药厂待3个星期。

等巴尔扎克回巴黎后，出版商怒气冲冲地指责他违约，他把一篇题为《交涉的理论》的文章给了新办的《文学欧洲》杂志，这是一篇谈医学和哲学的文章，并且准备将新小说《欧也妮·葛朗台》也给这家杂志。

出版商认为这是近乎欺诈的不守约行为，将巴尔扎克告到商业法庭。巴尔扎克对这种做法甚为愤怒，到出版商处大吵大闹，抢回《乡村医生》一书的排版稿。

这个欠考虑的行为首先会把他告到法官那里。这事差点酿成大祸，巴尔扎克被弄得晕头转向，他只好求助达布朗泰斯公爵夫人出来干预以调解此事，因为她的《回忆录》也是由这个出版商出版的。

最后这些判官们判决，说巴尔扎克存心不良，花了8个月时间去写《乡村医生》，得让他用4个月时间交给原告一本新的小说《三位红衣主教》。由于这个过错，他应付出版商3800法郎赔偿金。付了这笔款项后，巴尔扎克可以自由安排他的版权。

在这个不公正的判决后，巴尔扎克只有寄希望于《乡村医生》获得巨大成功。

1833年9月3日，小说送到书店销售。尽管这本书东拼西凑，质量还是不错的，但读者持保留态度，专栏批评家言辞尖刻。批评家们几乎一致指责作者并没有给读者奉献真正的小说，而是一本包含政治、农村经济、市镇管理、实用医疗、宗教思想等编织起来的乌托邦大杂烩。

然而，他还是将此书递交法兰西学院以评得蒙蒂翁奖，这个奖是用来奖励有益于风化的书，此奖的金额为8000法郎。在这种缺钱时刻，这笔款子对巴尔扎克十分有用。可惜的是评奖先生们看不上《乡村医生》一书。

这让巴尔扎克感到特别失望，因此他只好选择暂时离开巴黎。

9月22日，星期天，巴尔扎克于18时坐邮车从巴黎动身，经40小时旅程，于24日到贝桑松，并受到友人夏尔·德·贝尔纳的接待。

他为业务访问了几位朋友，没什么结果，当晚换了另一辆车奔诺沙泰尔。9月25日，他下榻福孔旅社。他不久就到克雷山上市镇街找到安德里埃宅第。在那里巴尔扎克终于见到了韩斯卡夫人。

韩斯卡夫人面前出现了一个龇着牙、眼睛发红、长头发、胖乎乎的矮个子。但是，这种令人不悦的尊容只不过是一刹那的事。

当他跟她说话时，她认出了这个热情奔放的文人，并再次地征服了她。这个精神焕发的女人，使他敬爱备至，这张性感的嘴似乎天生造就的，她法文讲得很漂亮，她的乡音使人想起了乌克兰的草原。

不久，巴尔扎克就又返回到了巴黎。他刚从疲惫中休息过来，就得对付留在首都的那些烦琐复杂的事务，他曾经写道：

这里的事出乎我意料，很不妙。那些欠我钱的并答应还钱的人不履行诺言，我母亲是忠心耿耿，但我知道她很为难。因为我的花销很大，我得弥补因出游造成的损失。但是现在，我得日夜苦干。

他的勤奋工作，很快得到回报。有一个出版商终于愿意成批购买12本《风俗研究》，包括再版的《私人生活场景》，再加上《外省生活场景》和《巴黎生活场景》，总数巨大，共27000法郎。并且，合同很快签订。

巴尔扎克的书一本又一本地出版，里面的故事虽然各不相同，但他明白，其宏伟的结构虽然还不能肯定，但是其含义是次要的。

如果从其整体结构来看，虽互相独立，但各自有新的透视，有千丝万缕的联系，有同等的价值。这样一来，他觉得有必要准确地描绘人物，以及人物活动的场所，那些城市、街区以及他们居住的房屋、从事的职业，这样可以一览无遗地看到人们的生活条件的方方面面。

随着他思考的深入，画面衔接起来了，相互补充，组成一幅广阔的图景。他想，对自己以及对他的作品，均已发挥得差不多了，他不知更进一步该如何表达。

大多数批评家瞧不上巴尔扎克，认为他写得太多，写得太快。他们不喜欢洪水激流而喜欢小溪流水。他们认为巴尔扎克是一位讨大众喜欢的多题材作家，但肯定不是大作家。

他们指责巴尔扎克文字臃肿，与情节不相称。他们说巴尔扎克的文学跟他本人一样，既胖又俗，缺少分寸，倒胃口。巴尔扎克听了以后觉得难受，但他还照写不误。他就像人不能换皮一样，文风也无法改变。

有时，他就像写《路易·朗贝尔》那样，展现一个寻找创造意义的思想家，别人埋怨他沉浸在极度抽象之中。有时，他就像写《欧也妮·葛朗台》那样，描绘的是现实生活，这时，别人又埋怨他太现实了。

对巴尔扎克来说，工作、金钱、爱情这三个概念是紧密联系在一起的。在他看来，没有工作就没有钱，没有钱就没有爱情。他羡慕那些豪绅随意旅行，不计较开支多少。

然而他为了和他的"天使"在日内瓦相聚，得在巴黎将工作安排妥帖，节衣缩食以支付驿车、旅馆和其他日常开支。

只要这个女人不是贪财的，对追求她的男人来说，就是很宝贵的。他在给韩斯卡夫人的信中写道：

从孩提时起，我从未拥有一文我自己的财产，到现在我算是辉煌了。然而，我还得为找款子而到有钱的人那里奔走。我游来逛去，浪费时间。

韩斯卡夫人慷慨解囊，给了他一些帮助。但是，她提供的款项为数极微。她自己没有个人财产，财产都是她丈夫的。巴尔扎克很感谢，感谢她的施舍，但绝不能接受。

然而，韩斯卡夫人在可怜巴尔扎克奋笔疾书当苦力文字匠的同时，也怀疑他在巴黎被别的女人缠住，她们奉承他。

1833年11月17日，巴尔扎克到马塞利娜·德博尔德·瓦尔莫尔的表兄，雕塑家泰奥菲勒·布拉家，在《怪母和孩子》的塑像前驻足凝视。

正好在塑像旁，有一对祈祷的天使的塑像。这两件作品是偶然凑在一起的，在他看来却是一组有象征性的群体，他站在画室中间，顿时有所启迪，他在给韩斯卡夫人的信中写道：

我在这里看见现存的最美的杰作……这就是《受两个天使——崇敬的圣母玛丽亚和孩提时的耶稣》。我从这里构思了最美的一本书，这本书，《路易·朗贝尔》是它的序幕，书名为《塞拉菲塔》，此书与《弗拉戈莱塔》一书一样，集两种特性于一身。

但是，我猜想，它不同之处在于这个女人是天使，在最后转化时刻来到世上，并脱去躯壳升天。他被一个男子和女子所爱，他对他们说，在升到天国后，他们就会相爱，他在这个女人身上看到的是一个纯粹的天使。她向他们显露了激情，给了他们爱，让他们逃脱人间的苦难。

如果可能的话，我将在日内瓦，在你身边写这本可爱的书，但是这位声音洪亮的塞拉菲塔叫我心烦，她已鞭策我两天了。昨天，我的椅子，我熬夜的伙伴坏了，自从我从事这类战斗以来，这是我用坏的第二把椅子。

巴尔扎克回到家里后，觉得自己的观点与布拉的玄奥观点很接近，他从石膏塑像群体得到启发，想写一本小说。

他创造了两个特殊人物，一个是威尔弗里德，就是作者的化身；另一个是安娜，那就是艾芙琳娜·韩斯卡。他们俩都受到两性人塞拉菲图斯·塞拉菲塔的控制，这个两性人既有男人的特点，又有女人的特点，这就保证他比常人有优越性。

这个两性人由于激起了男人和女人相互竞争的爱情，其智力发展到了最高阶段。由于处于真人和神的状况，他要解决所有矛盾，他预示物质和精神的统一性问题。

由于出现这种情况，他要解决他身上肉体联系的两性特点问题。最后，他升入天国，这证明了人类状况是可以改变的。由于这个光辉的范例，威尔弗里德和安娜这两位主人公也变成了天使。

巴尔扎克在处理这种玄奥的主题时，想以此来解释世界上的问题。但是，拿这作为小说题材，思想上的框架如何处理？这里应是绚丽多彩、纯真和冷静的，应该有宽广的空间。

于是，巴尔扎克想到了挪威，但他不了解这个国家。然而，他可以到书本里找到资料。

韩斯卡夫人不会使他改变写神秘小说的计划。她本人也有家族传统，有预感、有幻觉和各种各样的昏厥。他的很多读者也是要求作品跨越现实。

巴尔扎克一想到前途，就越想把《塞拉菲塔》书稿带到日内瓦。他沉醉于真正的灵感中。由于想写这本小说，他迫不及待地想将这本启蒙性作品献给韩斯卡夫人并与她相聚。

因此，巴尔扎克在巴黎使出浑身解数，玩命地写作，迫不及待地与书商打交道，一个子儿一个子儿地攒旅行的经费。

到了12月，一切准备就绪，巴尔扎克一直寄予厚望的《欧也妮·葛朗台》得以顺利出版，并大获成功，连最敌视他的几位文学评论家也不得不惊叹这部小说高超的艺术成就。

他由此获得了一笔数目可观的收入，旅行费用的问题自然迎刃而解了。

1833年圣诞节那天，巴尔扎克抵达日内瓦，住进了艾芙琳娜·韩斯卡为他在"弓箭"旅馆订的一个房间。

这对情侣还组织了文学性的参观，到过科佩、费尔奈、迪奥达蒂别墅或科洛尼山坡等。

巴尔扎克对爱情想入非非，同时玩命写作，在编写《塞拉菲塔》时，他向日内瓦博物学家比拉姆·德·康道尔咨询斯堪的纳维亚的植物志，还修改《滑稽故事集》，不时地想象他的艾芙什么时候才能完全属于他。

1834年1月18日，在征服韩斯卡夫人方面似乎获得重大进展。可能并没有完全占有，但最后的防御显然已被一一攻破。有些举止已明确地预示未来的结果。

巴尔扎克在日内瓦的逗留持续了40多天。1834年2月初，巴尔扎克回到巴黎后，仍沉浸在爱情的幸福之中，他对在日内瓦与心上人的狂欢之夜历历在目。

到达巴黎后，巴尔扎克总结在日内瓦的收获。他修改了《朗热公爵夫人》，《塞拉菲塔》已动手写了一大段，《古玩陈列室》进展顺利，《滑稽故事集》轻快地草草拟就。由于比拉姆·德·康道尔的帮助，收集了有关挪威的资料，除此以外，还有他爱慕的情人的回忆录。

在巴尔扎克的周围的人也都陷入到忧愁和困境当中。

德·柏尔尼夫人得了心脏病，一个月内老了20岁。珠尔玛·卡罗因弗拉佩斯勒产业问题十分操心。在巴尔扎克家里，这一次为种种债务搞得焦头烂额。他母亲因冒险性的投机破了产。

妹妹斯洛尔和丈夫因无聊的琐事经常吵架。她丈夫承包了多种重要工程，闹得头昏脑涨，如果他无法从财政困境中摆脱出来，巴尔扎克就得帮他一把。可是巴尔扎克手头拮据，无法提供帮助，也没有手稿可卖钱，情况颇为棘手。

尽管有这么多烦人的事，经济上又拮据，但是在社交场合还得装门面。好友推荐他去找找奥地利大使夫人阿波尼伯爵夫人的门路。如果巴尔扎克到维也纳找韩斯基一家，这是很有用的关系，阿波尼与巴黎各界都有来往，与欧洲各王族有紧密联系。

2月18日，巴尔扎克到大使馆，但并没有被接见，然后，约定了23日会面，他满怀激情前去赴约，很快成为大使夫妇的常客。

在此期间，巴尔扎克在歌剧院每周订3个晚上的票。音乐可以镇定神经。他为了出席使馆招待会和歌剧院晚会，在裁缝比松处精心制作了一件金纽扣的蓝礼服，黑呢子裤子，黑缎子背心。

尽管他已身无分文，但还准备了一根绿松石圆头的手杖，并且将他的文章很招摇地刻在手杖上。这根华丽的高级手杖引起了新闻记者们的挖苦和讽刺。巴尔扎克很难受,也很恼火。

4月初,巴尔扎克感到十分疲劳,医生甚至怀疑他患有脑炎,嘱咐他好好休息。他对自己的健康十分担忧,同时也担心自己的作品,因此到弗拉佩斯勒,打算在卡罗身边休息几天。

但是,他不是搁笔休养,而是致力写作《恺撒·比罗多》、《婚约》和《塞拉菲塔》。

每天他只睡5个小时,然后就像"赌徒上赌场"一样地连续工作15~18个小时,"只有亡命徒才有这股狂热"。

不久前他的头发还乌黑油亮,现在却一天天地变白,一缕一缕地脱落。好心的纳卡尔医生一再警告他,不要十分拼命,应注意劳逸结合,否则他就会垮下来。

有时候他自己也担心:"我开始发抖了。恐怕在我所忙着营造的建筑物竣工之前,我自己就会被过度的劳累和困乏所压垮。"

他的肝部开始隐隐作痛,可是他又不能中断他雄心勃勃的写作计划。他写道:

站住,死神!你要是非来不可,就来给我加重负载吧!我还没有完成我的使命呢!

他不顾一切地写出一部又一部的作品,他的想象力从来没有在这么多的领域里活跃过。完成了《朗热公爵夫人》后,他在1834年6月到9月的100多个夜里,又写出了《绝对之探求》,10月开始写《塞拉菲塔》。11月动手写《高老头》,而且在40天内就完成了它的初稿。

在12月和其后的几个月里,他接连写出了《海滨惨剧》、《豌豆花》、《改邪归正的梅莫特》、《金眼女人》以及《三十岁的女人》的另外一些章节,他还草拟出《赛查·皮罗托盛衰记》和《幽谷百合》

的提纲。

说起来简直不可思议,而实际上这些都是他在10多个月的时间里所写的全部作品!与此同时,他还改写了《最后一个舒昂党人》等早期的几部长篇小说,拟好了《都兰趣话》第三辑的10个题目,和儒勒·桑多合写了一部叫《领班小姐》的剧本,编选《19世纪法国作家通信集》,与出版商们在几番艰难的讨价还价后签订合同。

此外,他还始终不渝地向他的夏娃投寄出总共多达500余页的书信和日记。

夜以继日地工作

巴尔扎克从不与人为仇，当然更不与人为敌。当他和他的出版商洽谈生意，让那些刁钻的商人在他面前就范的时候，他并不是为了向他们勒索几个额外的法郎，而往往是出于一种逗乐的愿望。只不过表示他是他们的主人，而不再像从前一样当他们的奴隶罢了。

他有时也说谎，但那不是骗人，而常常是一种出之于丰富想象力的幽默。

他不是不知道人们对他的嘲笑，但他却常常把这种被嘲笑的举动更加夸张地表现出来，以博得更多的欢笑。他看到人们以为他怪气而非常得意。

当他知道人们要讽刺他时，他就以希伯莱作品中一个快乐的酒徒的方式，先把自己讽刺过了。他觉得，无论是皮肤下的肌肉和脑子中的脑细胞都强过他们，这一些小小的被嘲和自嘲又算得了什么呢？在智力、精神和体力上，他能胜过他们千百倍，那么，在这些无关紧要的问题上，让他们占点上风又有什么关系呢？

他享有内心丰富的感觉，尽管他有时还缺乏一点信心，但这内心的感觉给他以面对一切挑剔、非难、嘲讽的勇气，使他大度自若，永远昂首挺胸，永远愉快勇敢，永远心无旁骛地向前。

在1833年10月至12月这两个月的时间里，巴尔扎克拼命似的致力于《欧也妮·葛朗台》《朗热公爵夫人》《塞拉菲塔》等几部小说的写作。

在巴尔扎克的有限的交往中，妇女占着较大的比重。这是因为他童年时代就缺少母爱的原因。而且，在资本主义的社会现实中，妇女往往要比男子多一份纯洁和善良。他所需要的正是那种融合着母爱的纯洁而善良的感情。

巴尔扎克需要一种宁静的热情，需要在自己的困顿和劳累中找到一位母亲、姊妹和助手。因此，他愿意多和她们接近。

至于说他的男朋友们，那就更少了。他需要他们，主要是为了依靠。他们可以随时随地地帮他的忙。他们之间是亲如家人的关系。这些人，都是他20来岁时，在莱斯堤尼尔街的困境中的老相识。他们都是一些极普通的平民百姓，如参加过他的《克伦威尔》的朗读的那位大夫，那位铁器批发商人，还有一位裁缝。他和他们的友谊一直延续到他生命的终结。

此外，他没有把他宝贵的时间拿来结交过这圈子之外的任何人。因为他知道，他已经准备好了一切。摆在他面前的唯一的事情，就是把他的才能和智慧献给他的写作。他的时间是属于工作的。他没有更多的时间去与朋友交往。

巴尔扎克在感情上是大度的，金钱上是挥霍的，可是，有一件东西他却是吝啬的，那就是时间。时间对他来说，是绝对地值得珍惜的。时间，对于巴尔扎克，是比金钱更为宝贵的。为了节省每一刻时间，他很少与人交往，甚至那诱人的贵妇们的客厅沙龙中的社交活动，他参加得也很有限。因为社交活动的贫乏，他与外界的交往很少。

在他的一生中，真正亲密的朋友也超不过10人。而且到了晚年，这个圈子缩得更小了。他没有结交新朋友的时间，他需要写作的时间。至于他作品中所需要的社会生活和各色人物，他已经在他青年时代的坎坷中认识和熟悉了。

他现在需要的是把那些人物、世相再现出来，这就比平时更需要时间。所以，他一天只能把一个小时给这世界。

在创作室里，他的日日夜夜是这样度过的。他的工作程序的开头是在夜里，所以我们也只好把生活颠倒一下，从夜里写起。因为"人们的夜晚是他的白天"。

巴尔扎克一天至少要工作 18 个小时，几乎没有什么娱乐和休息。人们惊叹巴尔扎克的天才，殊不知这天才与勤奋的工作，那种忘我的、疯狂的工作精神是分不开的。

巴尔扎克给韩斯卡夫人的这些信是自述甘苦，也是倾诉衷情；是企盼理解，也是寻找宣泄。巴尔扎克是一个意志坚强的铮铮铁汉，一个如他自己所说"不知疲倦的战士"，但同时又是一个感情异常丰富的文人，他热衷工作，热衷拼搏，热衷冒险，同时也企盼理解，企盼支持，企盼温情。

有像韩斯卡夫人这样一个善解人意的女性听他倾诉，听他发泄并给他写信，给他支持，给他抚慰，给他希望，这是巴尔扎克的幸运。

而与此同时，巴尔扎克始终都是在忙碌疲惫地工作着。每天晚上 20 时，整个巴黎都停止了一天的繁忙，开始安静下来，人们下了班，回到自己家中，吃了晚饭，准备开始他们的夜生活了。

这时巴尔扎克开始睡觉。在写字台上消磨了这以前的 16 个小时之后，他沉沉地睡去了。对这喧闹的世界，他一无所觉，更谈不上加入其中了。

晚上 21 时，一切夜生活开始了，巴黎又从宁静走向喧闹。戏院的大幕已经拉开，包厢和座池里也都座无虚席。舞厅的营业也开始了，人们随着音乐正翩翩起舞。赌场里也集满了赌徒。他们正聚精会神地盯看着他们的骰子或转盘的指针。

当然，在公园，在街角，也许还有一对对情侣正在窃窃私语、谈情说爱。而这时，巴尔扎克睡得正香。他的疲劳的脑子正在轻松地休息。

22 时了，巴黎居民区的灯光正在陆续熄灭，上了年纪的人都要上床睡觉了。宁静的街道上不时传来车轮声，在外玩乐的人们渐渐地回家了。

这时，巴尔扎克还在睡觉。这是他入睡后的第三个小时，他正在从睡梦中吸取那未来工作的精力。

23时了，戏散了，舞停了。赴宴的人们也回家了。饭店、舞场打烊了。赌徒的叫闹、醉汉的喧嚣由远而近又由近而远了。最后一个行人也消失了。巴黎完全入睡了。

这时，巴尔扎克也在睡觉。这是他入睡以后的第四个小时，这也是巴尔扎克与巴黎人有共同睡眠的唯一的时间。

零时，全体巴黎的人们进入梦乡的时刻，巴尔扎克的工作开始了。既然别人正在做梦，那就是他醒来的时候了；既然人们都在休息，那就是他工作的时间了。

在巴黎的灯光完全灭尽之后，一束烛光点燃在那间小屋子里了。而且，为了避免昼光的射进，影响他的心境，他让仆人拉上了厚厚的窗帘。

这样，一个与世隔绝的环境已经造成。这里，没有一个人来打搅，没有一个客人来造访，没有信件让他分心，没有债主叫他烦恼，也没有一个校样要他来校正。

现在，一切的时间都是属于他的了。那是一个漫长的时间的延伸，它的延长度可能是8个、10个，甚至是10多个小时。而这种不能停止、不打算停止的工作条件，也只有在晚上才有。

只有在令他停止工作，给他以干扰的那些人们进入梦乡之后，他才能获得这个条件。为此，他把自己的生活和人们的生活颠倒了过来。他说过："工作中必须中断与必须外出的时候，对我是不可能的。我从未一气只工作一两个小时。"

他的工作，是一干就是8个、10个，甚至更多个小时的。

1833年，巴尔扎克曾在文中写道：

我的生活就是为钱斗争，同忌妒者搏斗，不停地同我的作品战斗，这场战斗需要鼓起全部肉体的和精神的力量。

在1835年，他又写道：

依然是不停地工作，无尽地奔忙，为的是设法支付票据，如果我没有坐在我的金眼姑娘的客厅里，在烛光下伏身写作，也没有累倒在沙发上，那我就正在为自己的债务奔走；睡得很少，吃得很少，谁也见不到。总而言之，就同一位正在指挥一场既无粮草又无皮靴的战役的共和主义者将军有些相像。

我只有工作，这是吞没一切，耗尽全部精力的工作，这种残酷的斗争只有在战场上才会发生。

可是这又把我的话题引远了，校样在等着，必须跳进我的风格的奥吉亚斯的牛棚，纠正错误。我的生活只是单调地工作，没有变化地工作。

我就像奥地利年老的上校向玛代莱丝女皇说起他那匹灰马和他那匹黑马一样，我有时骑这匹，有时骑那匹；我呢，6小时骑《路吉艾利》，6小时骑《该死的孩子》，6小时骑《老姑娘》。我不时站起，望望房屋之外，由我的窗口眺望，从陆军大学到特罗纳的铁栅栏，从先贤祠到凯旋门全在眼下，我吸过一阵空气，重新工作。

在之后的1841年里，他又写道：

我应该把提纲完全弄好，在《外省和巴黎生活场景》中还有许多没有写。至于谈到《政治、军事和乡村生活场景》，那还不足 2/3，我得在 7 年内全部完成，否则我就永远不能完成《人间喜剧》。

第二年的 10 月他又写道：

白天奔走张罗，夜里工作，困苦不堪；为了从我们的出版商手里挤出 15000 个法郎，比在维也纳会议上得到成功需要更多天才和外交手腕。而这一切都是因为他们知道我是多么穷困！

每当夜间零时的时候，卧室门则会响起"笃笃"的叩门声，这是仆人在叫他起床了。他从 20 时睡到了零时，对他来说，这已经是相当奢侈的了。他必须在他并未充分享用睡眠的舒适之前，结束那甜美的睡眠，开始工作。

巴尔扎克穿上他的宽大的长袍。这袍子是他专门为工作而设计的。因为它宽松、轻便，穿着可以完全自由地活动。这种袍子有两件，冬天是件羊毛的，柔软而暖和；夏天则是件薄布做的，透气而不粘身。

工作时，无论冬天夏天，衣领永远敞开着，这可以使他不致由于

创作的冲动而气闷。有人也说，他选择这种僧袍似的衣服，目的还在于时时提醒他，他在为着一个神圣的事业而工作。而且，就像是一种条件反射一样，穿上这件袍子，他就觉得应

当，而且可以抵御外界的一切引诱似的。

他用一条编织的带子，据说后来是用了一条金链，松松地系在这件僧袍上，上面还挂了一把裁纸刀和一把剪子。这一切准备妥当之后，睡意算是被清除出去了。

仆人在叫醒他之后，便会点燃桌上烛台上的6支蜡烛，并且立即拉上了窗帘，使烛光不至外泄，也使晨潮和日光不至进来。这一切都在告诉人们，他与外界要完全隔绝了。

他要的是远离尘嚣。在这个世界里，一切有形体的事物都隐藏在阴影里。只有那烛台上的6支蜡烛的光亮，扩展在那有限的空间，照着他的工作台，也照着他的脑海和心灵。

巴尔扎克坐在他的书桌旁。这地方如他所说："我把生命投入这个坩埚里，就像丹术家投他的金子。"

那是一张朴素的长方形书桌，是他的财产中最有价值的东西。他对它的珍视胜过于他所有的贵重的东西，比如他那镶有宝石的手杖、许多的银盘子、装潢华贵的书籍，甚至于他的名声。它跟着他从一个住处搬到另一个住处。

他也多次地从破产中把它拯救了出来，因为破产后，债权人常常把他的家具用来抵债，因此常常把它们搬走。而巴尔扎克则常常悄悄地在那些华贵的家具中挑出这张书桌把它运回。它是他工作的唯一见证。

巴尔扎克说："它曾看见过我所有的窘困，知道我的一切计划，曾经偷听了我的思想。当我的笔疾驰于纸上时，我的膀臂几乎是粗暴地在压着它。"

没有一个人类中的一员有它那么了解巴尔扎克的。没有任何一个人，和它生活过那么长的时间，巴尔扎克在这张书桌前一直工作到死。

这是一个记录着这位世界文学巨匠创作历程的珍贵文物。

最后他浏览周围一遭，然后确定每一件东西都准备妥当了。巴尔扎克在他工作的方式上是很执着的，他爱他的工具像一个士兵爱他的武器。在他投身于战斗之前，他必须知道它们已经在他手边准备好了。

他的左手边放着一叠一叠、整整齐齐的空白稿纸。这稿纸是精心挑选过的，有一定尺寸，带有浅蓝颜色的。这种颜色的选择为的是长时间地在烛光下呈现，不至于使眼睛太疲劳的缘故。纸张的表面特别光滑，为的是笔在上面书写时可以毫无阻碍。

他的笔也是精心准备的。那是一支用大鸦的翎管做的笔。除这种笔，其他笔他一概不用。要知道，巴尔扎克写作时，常常是笔尖跟不上思想。像那瀑布一般，江涛一样奔涌而来的思想，如果没有滑润流利的书写工具，那是不可想象的。

他用的墨水池，不是他的崇拜者们送他的那个孔雀石的，而是从中学时代起就跟着他的那个一钱不值的中、小学生的用品。可见他是一位非常怀旧的文人。

墨水池边放着几瓶备用的墨水。这个粗莽的大汉，一切似乎都满不在乎，可是他写作所用的这一套设备，却是准备得周周全全、一丝不苟的。

他不允许任何的准备被忽略，这种准备会保证他创作进行得顺利无阻。在他右手边摆着一个小记事册，在那里面，他时而记进去一些在后面的一章书里可能有用的思想与意念，再没有别的装备了。

书籍、论文、研究资料等，是概不需要的。在他开始写作以前，巴尔扎克已经把一切都融会在脑子里了。

坐在椅子上向后一靠，挽起他袍子的袖儿，使他的右手动转如意。然后他鼓励自己，用半开玩笑的话对自己说，像一个马车夫在怂惠他的马开始拉车。或者应该用一个在从跳板上做陡峻的入水式以前，伸伸腿儿，活动活动关节的游泳家来比拟他。

巴尔扎克写了又写，不中止也不犹疑。一旦他想象力的火焰被燃着，它就不断地闪耀起来。它像一场林火，火舌从一棵树跳到另一棵树，在进程中越烧越热。

虽然他的笔在飞快地疾驰，可是字句几乎不能和他的思想并进。他越写越把字句省略，为了不至于思想得更缓慢。他不能让他内心的幻想有任何隔断，他的笔也一直从纸上不提起来，直到手指一阵痉挛的打击强迫他松了手指，或是那写的东西在他眼前浮动起来，他疲劳得头晕眼花的时候。

街上静悄悄的。屋里唯一的声音乃是笔从纸面上光滑地驰过的轻轻声响，或者是时而把一篇纸加到写好的一叠上去的"沙沙"声。

从子夜到黎明，五六个小时的不息的劳作，气壮如狮的巴尔扎克也支持不住了。他感到了疲劳。他需要暂时地休息一下。他的眼睛干涩，手指僵直，腰背酸痛，太阳穴鼓涨。他确实需要休息一下了。

可是，不行，他还不到休息的时候，身体的疲劳只是人的感觉，是身体需要休息的一种信号，而能不能休息，那还得看工作进展的情况。五六个小时，这对巴尔扎克来说，尽管已使他眼涩头涨了，但相对他的工作来说，那还远远不到休息的时候。

等到外面的天空被晨光照射的时候，这新形成的一天，无形中又增加到了一个新的高度。新的一天到来了，可是昼光并不能进入这间屋子。

这间屋子的主人还沉醉在夜晚开始的酣战中，他并不知道现在已是长夜即尽、旭日东升的时候了。他仍在那烛光中的世界里遨游着，遨游在他那想象的天地里。

在五六小时的不间断的写作之后，他的太阳穴悸动起来，他的神经也不能再紧张了。别人可能对他已经做的工作知足，而停止工作，但巴尔扎克却拒绝让步。

这匹马即使在刺马针下倾跌了，也得跑足它规定的路程。巴尔扎克便从他椅子上站起来，走到那张放咖啡壶的桌子旁边。咖啡是开动引擎重新运转的黑机器油，它对巴尔扎克比吃饭睡觉都要紧。

他恨纸烟，那是不能够刺激他达到他工作时所需要的最高的强度的。他认为："纸烟对身体是有损的，打击了脑子，并使整个的种族低能。"

但是，对于黑色的咖啡，他却是写道：

> 咖啡滑到一个人的胃里，它推动了一切。一个人的观念像"大军"的行阵一样排成了队伍前进。回忆带着那领导军队参加战争的旗帜加倍地涌来。轻骑兵的队伍排开了在疾驰。逻辑像炮队带着它的辎重与炮弹震撼前来。清晰的观念像射击手一样加入这场决斗。
>
> 角色们看了他们的服装，稿纸上写满了墨水，这个战争已经开始，而在一种流满黑色液体的情形下完结，像一片真实的战场包围在火药所施放了的黑烟的缠结里。

没有咖啡他就不能工作，或者至少不能像他这般情形地来工作。在纸笔之外，到处他都把烹制咖啡的用具当作一件不可缺少的装备随身带着，这东西对他的重要不减于他的桌子或他的白色袍子。

他不许另外任何人来备办咖啡，因为再没有人会把这有刺激性的毒药弄得如此浓黑有力。并且，正像信仰一种迷信的拜物教一样，他只用一类特别的纸张与某种形式的笔，同样，他也按照一种特别炮制法，把咖啡混合起来。

他的一个朋友曾经记载道：

> 这种咖啡包括三种不同的豆类——布尔崩、巴尔丁尼克和摩沙。他到蒙特布朗街去买布尔崩，到老奥得莱特街去买巴尔丁尼克，而摩沙是在圣日耳镇的大学街一家商人处买的，虽然我屡次在巴尔扎克做采购的远征时陪他同去，可是那商人的名字我已忘记了。这种远征每一次都要半天的旅程，直穿过巴黎。然而对巴尔扎克的好咖啡，是值得这么麻烦的。

咖啡是他的麻醉剂，但和一切药品一样，如果要它保持效力，必须把它的剂量不断地加重，因此他就吞食了越来越多的置人死命的长生药，使他的神经追得上那种有增无减的紧张。

他谈到他的一本书，只是由于"成了河的咖啡"的帮助才得以完卷。

在1845年，在将近20年的过分沉溺之后，他承认他不停地求助于这种刺激品，已使他整个器官组织中毒，而且抱怨它效力越来越小了。

同时，在胃里还使他感到可怕的痛苦。假如他那50000杯咖啡，使《人间喜剧》庞大体系的写作加快，它们对那本来强健得像口钟似的心脏的早衰，也得同样负责。

纳卡尔大夫，他终身的朋友与医生，曾说道：

> 一种由于夜晚工作，由于服用或毋宁说是滥用咖啡，所积成的老心脏病。

这才是巴尔扎克死的真实原因。

终于,钟鸣了8下,上午开始了。过惯了夜生活的巴黎人也许这时正在醒来,也许有的还正在酣睡。然而,对于巴尔扎克来说,新的一个工作日又已经开始了。

其实,这也无所谓"新的",这还是"旧的",昨天的,正确来说,是昨晚的。这就叫作"夜以继日"。词典上说,这个词也可叫做"日以继夜"。前者是说晚上接着白天干,后者是说白天接着黑夜干。但不管是"夜以继日"也好,还是"日以继夜"也好,对于巴尔扎克来说,都是适用的。他既是夜以继日,也是日以继夜。

于是,在正常睡觉的人们还没有起床之前,鏖战了一宿的巴尔扎克,又开始工作了。

门外传来一阵阵声响。他的仆人端着一盘简单的早饭进来。巴尔扎克从桌前站起,他是从子夜一直坐在那儿写作的。

一个暂时的休息来到了,仆人拉开窗帘,巴尔扎克走到窗前,向他准备征服的城市眺望了一下,他这才又记起另一个天地与另一个巴黎,一个正在开始工作的巴黎,因为这时他自己的劳动已到结束的时候了。店铺在开门,孩子们正忙于上学,马车正在街上辚辚走过,公事房与账房里,人们正在他们的桌旁落座。

这时,巴尔扎克洗了一个热水澡。他喜欢洗澡。热水的泡浴能使他重新获得精力。他喜欢这种浸泡,还有一个原因,那就是在那里他可以不受干扰地幻想。因此他常常在那里泡上一个小时。

在他刚穿上衣服时,便听见门外有脚步声了。信差从他各处的印刷所那儿给他带来样稿。索要稿件的人,也在第一时间来到巴尔扎克家,带走那些墨迹还没有干的稿子。

巴尔扎克所写的每一部东西一定是立即付印的,这不仅因为报纸或出版商正在像等待一笔到期的债似的等待着稿件。事实上,每一部小说都是在写作以前就已卖出去的，还因为巴尔扎克在那梦一般情形中写作，他并不知道他写的是什么或他已写成了的是什么，即使他敏锐的眼光也不能一览无余他稿子上浓密的混乱，只有当它们在排印出来的时候他才能一段一段地校阅它们。

从印刷所、报馆或出版商们那儿的另外的信差把他两夜以前所写而在先一天付印的校样篇幅，和更早交出去的二校三校的稿样一齐带来了，整叠的新的大样，常常有五六打从校样机上拿下来的墨迹未干的稿件，铺满了他的小桌，要求他的注意。

9时，他短暂的休憩告一段落。他休息的方式，如他曾说过，是由一种工作变更为另一种而成的。但就巴尔扎克而言，校大样并不是一件容易事。那不仅只包括删除排字工人的讹误与风格或内容方面轻微的修改而已，而是整个原稿的重写与修改。

事实上，他把第一次排印出来的稿样当作了初稿，并且没有比把那一连串已经用他敏锐的艺术责任感层次审视修改过的校样中的规模已具的文字，再逐渐加以整理的工作，更使他牺牲热情和精力了。

关于他工作的每一环节，他都是苛刻的，关于排印大关，他坚持非按照他所定的规则不可。纸张必须特别长、特别宽，上下左右的四边，有着广大的空白，以便校改。

还有，他拒绝把稿样印在通常廉价的黄纸上，而要求一种白色的质地，那么在纸上的每一个铅字，就能清楚地显现出来了。

巴尔扎克的修改，并不是一般意义上的那种修改，而是一场紧张的拼命。这完全可以从那墨迹四溅的样稿或那被戳成一个一个小洞的笔迹上看出来。

巴尔扎克的这一工作，不说是冲锋，也可说是打仗。那绝不是改掉一两处不合适的造句，统一几处不统一的风格，删除几个多余的字词，增添几个句子或段落。

巴尔扎克的改稿，其实就是重写，是对于前几天的劳动成果的重新改造。在他看来，第一次排出的稿子并不是校样，而是初稿。在那里，他仍做着大刀阔斧的改造甚至是再造工作。

巴尔扎克用他的笔似佩刀般地一挥，一个句子便从文章中删去，而被抛向右方；一个单词被刺中了而被猛掷于左方；整个一段文字被拉了出来而把另一段填了进去。

通常给排字工人作指导用的那些符号是不足用的，巴尔扎克要用他自己发明的符号。不一会儿的工夫，在稿样四周便没有足够的空隙来供他更多的修改，那些修改现在比已印成的文稿都多了。

在四边上他所改动的文字本身，也被做了许多记号，以引起排字工人对那些补充的事后想到的东西加以注意，直到一块本来是白色空间的沙漠和中间的一块印着文稿的沃土上面，都被交叉线条的蛛网盖满为止。

于是，他必须翻过篇去在背面继续修改了。然而即使这样，还是不够。当纸上没有更多的空间来装那些符号时；当排字工人无法顺着混乱的交叉线找到更改的文字时，巴尔扎克就借助于他的剪子了。

不要的章节被肢解后挪开，而把新的纸粘在缺空上，一个片段的起头被夹入中间，而另一个新的篇章就写成了，整个的文本都被重写了。这混乱的一大堆排印好了的文本，加入的校正与修改，符号、线条，还有涂抹的墨点等，在一种比原稿更加无比难读与无比难解的情形下，送回了印刷所。

在报馆和印刷所里，最有经验的排字工人都宣称他们无法去解读它。而且，他们虽是赚着加倍的工资，却拒绝一天排印巴尔扎克的作品超过一小时以上。

必须得几个月的工夫，一个人才能学会解读他那种"象形文字"，可是，即使到了那个时候，一个特殊的校对人，还得重新校对排字工人时常自我揣测的解释。

可是他们的工作仍只不过在它的初级阶段上。当巴尔扎克收到第二次印刷的大样,他用和以前一样的猛劲儿投身于它们之上。他再度把这整个辛苦筑成的大厦拆散,把每一页从顶到底布满了更多的删改与墨渍,直到它的复杂与难读不减于它前身的时候。

这种情形要有六七次光景,不过在后来的稿样里,他不再拆毁一整段的文字,而仅只修改单个的句子,最后则限制自己只调换几个字而已。就他若干作品的情形而论,巴尔扎克重改他的稿样多至十五六次。而这情形,关于他非凡的生产力,只给我们一种微弱的观念。

对于这一工作,可以说他是苛刻而迂拘的。如果不按照他的一改再改的态度,而将没有得到他最后认可的样稿刊印成书的话,那他是绝不能容忍的。

有一家报纸的主笔就吃过这个苦头。他没得到最后的认可就把他的文章刊印了出来,结果弄得巴尔扎克和他永远地断绝了交往。

20年中,他不仅写了他的74部小说,他的短篇小说和他的小品,并且在那些作品最后印成问世以前,他还一次又一次地重写了它们。

这是他辛勤劳作的见证,正如人们所说,除了贝多芬的手稿之外,在今天的文献中,没有任何一种东西能比巴尔扎克的手稿更能表现艺术家的奋斗精神了。

这些手稿,对于了解巴尔扎克的天赋,他的非人力所及的精力,无比有力,这比起他的肖像以及有关他的掌故逸事,都更能反映出巴尔扎克自己。

这样工作两三个小时之后,已经是中午12时左右了。机器得加油了,此时,巴尔扎克推开那些稿纸,奥古斯都送来了他的午餐:一个鸡蛋,一两块火腿面包,或者一个小小的肉饼。

在饮食方面,他不是个苦行僧,他喜欢美食也喜欢美酒,但在工作之时，他拒绝这样的美食。他知道，美食能使人迟缓怠惰，而这，于工作是极为有害的。

而且，他现在根本就没有时间来供他迟缓和怠惰。所以，越是紧张工作的时候，他的食品也越是简单。

并且，他连午饭后的片刻的小憩也没有，在简单地进食后，他又坐回到他的小书桌边，继续他的修改、校正、写作。有时也将头脑中闪现的一些火花记录下来，以备以后创作中使用。

在这些时间，他也写写信，和他的朋友们作作笔谈。这样，到下午17时的时候，他总算把这一个工作日完成了。

经过这一番战斗，他真该休息一下了。他搁下了笔，把椅子向后撤了一撤，站起身来，活动活动四肢。

在仆人奥古斯都准备晚饭的时候，他也许会见个把朋友或接见接见出版商。但他经常是独自冥想的，想他晚间将要进行的工作。即使这段时间，他也很少上街，因为他太疲乏了。

20时，当别人正在出去寻乐时，他上床去，而且能立刻睡着。他的睡眠沉熟而无梦。他所已经做了的整个工作，并不能解放他在明天，后天，以至他一生最末一点钟所要做的工作，他睡觉就为了忘记这些，好让自己放松下来，这样他才能以最好的状态去迎接新的工作。

每当到了午夜，敲门声就会准时响起，这是仆人叫他起床了。于是他把蜡烛又一次点燃，窗帘又一次拉上。他新的一个工作日又开始了。这就是巴尔扎克一个白天和一个夜晚，在地球自转一周中的工作和生活情形。

巴尔扎克有一个习惯，喜欢将每部作品另外编成一册，由各个阶段的修正清样和原稿组成，如果比起一本印出后达200页的小说来，这样一册东西有时竟多达2000页之多。有的时候，他不把原稿和清样装订在一起，仅仅把它附在后面。在他看来，这就是他的工作成果，它们和他的孩子一样是需要他珍视的。他不希望自己的作品被弄得乱七八糟的。于是他把这些东西都妥善地珍藏起来，就像珍藏自己的宝贝一样。

有时候，巴尔扎克将这些册子分送给他的朋友，他曾经说过："这些册子我只送给爱我的那些人，它们是我的冗长劳作与耐心，我曾向你们说过的见证人。正是在这些可怕的篇幅上我曾消磨掉多少个长夜。"正所谓好东西要和好朋友分享，他和朋友们分享他的作品也是在给彼此的友谊增加筹码，让他的朋友们为拥有他这样的朋友而感到骄傲和自豪。

柏尔尼夫人、韩斯卡夫人、德·卡斯特里侯爵夫人，还有巴尔扎克的妹妹斯洛尔，以及纳卡尔大夫等人都曾荣幸地接受过巴尔扎克的这些馈赠。纳卡尔大夫曾深情地在给巴尔扎克的回信中，谈到他收到《幽谷百合》的清样册时的感受，他说：

这真是一座惊人的纪念碑，应该让所有倾心于艺术完美性的人都看到它。这对于读者们也大有教益，他们都以为思维产品的孕育与创造，就同它们被人阅读时一样毫不费力！我真希望我的图书室就设在旺多姆广场中心，以便欣赏你的天才的人可以知道你工作时的严谨与坚忍的真正价值。

巴尔扎克沉溺于他的文学创作中，沉溺于他的艺术世界里，达到了如痴如醉的"忘我"境界。

有一次，一个朋友去他家做客，他竟气势汹汹地突然站起身来，走到朋友跟前，怒吼道："你，你，使这不幸的少女自杀了，你为什么这样吝啬啊！"这句话使这位朋友听了莫名其妙，如坠云里雾中，不明所以。这位朋友后来才慢慢弄明白，巴尔扎克所指的那位自杀的少女，竟是他创作中的小说里的人物——欧也妮·葛朗台！而小说中人物的自杀和他的这位朋友是没有丝毫关系的。巴尔扎克后来也觉得自己的态度有些过分，他赶忙向那位朋友道了歉。

这样的事例并非独一无二，后来的高老头死了，死得那样凄惨，巴尔扎克不禁号啕大哭，悲伤不已。

巴尔扎克赞叹"他无异于一个基督教神圣的殉道者"。有人也曾赞赏他"表现了人类崇高的至性"。其实，这都是把高老头的父爱抽象化、神圣化了。事实上，高老头的父爱并不单纯，而带着阶级的复杂性，他的父爱是交织着封建宗法观念和资产阶级的金钱法则的。

从封建宗法伦理道德观出发，他认为父女之爱天经地义，"父道"是家庭、社会的轴心；但他又怀着往上爬的虚荣心，把对女儿的"爱"作为攀援名贵、抬高地位的手段，结果，原本高尚的感情变得庸俗、猥琐。

他还在信中询问他的妹妹斯洛尔可曾知道他小说中的一个人物跟谁结了婚。他的朋友儒勒·桑多从家乡回来，告诉他说他妹妹病了，而巴尔扎克打断他说："原来是这样，我的朋友，那我们再回到现实中来吧，咱们说欧也妮·葛朗台吧！"

巴尔扎克就是这样，把现实的世界看成了虚幻，把他想象的艺术的世界看成了唯一的现实。

在人们看来，巴尔扎克已经有点痴狂的状态了。他沉迷于自己的创作之中，他几乎把全部的精力都发挥到创作小说、塑造人物之中。这样的巴尔扎克写下的小说里的人物才那么活灵活现。因为这些小说里的人物已经不止千百次地闯入了巴尔扎克的生活中了。

当巴尔扎克一旦从艺术世界中走出来，他也不由自主地感到他对工作、对艺术痴迷得有些太过分了。这样下去肯定会对他的生活造成不好的影响。他说："有的时候，我仿佛感到脑子里着了火，似乎我命中注定必将死在我心灵的废墟上。"

尽管如此，巴尔扎克还是不遗余力地生活在小说的虚拟世界之中，他小说里的人物似乎都一直在他身边存在着。他爱护小说里那些善良的角色，憎恨像"葛朗台"那样的吝啬鬼。他似乎觉得周围现实存在的人都是从小说里逃跑出来的。

所以，他时常会被那种丧失生趣的恐惧心所袭，而且把他自己所锻炼成的锁链弄得"哗啦"乱响："在一个月里我要做的事，是别人在一整年或一年以上的时间里做不完的。"

然而对于他，工作成为一种强制的必要，而且欲罢不能了。他一天也无法离开他的小说，他希望每天都能让小说里的人物在眼前、在脑海里活跃起来。他说："在我工作时我忘了我的痛苦，工作是我的生命。"

虽然他的工作是各式各样的，可是对它的持续不断毫无影响："在我不写的时候就盘算我的计划，而在我不写也不盘算的时候，我有稿样可改。那就是组成我生命的东西。"

丰硕晚年

不曾犯过错误的青年既不原谅别人的过失，同时当作别人也有崇高的信仰。我们必须有了丰富的人生经验，才能理会拉斐尔的名言：所谓了解是彼此的程度相等。

——巴尔扎克

创作了历史巨著

与韩斯卡夫人相恋的最初 10 年是巴尔扎克精力最旺盛的 10 年，也是巴尔扎克走向成功、走向辉煌的 10 年。

就在巴尔扎克与韩斯卡夫人开始通信的这一年，巴尔扎克完成了 10 部小说，其中有 3 部杰作：《夏倍上校》《都尔的本堂神甫》和《路易·朗倍尔》。

《夏倍上校》也是一部反映社会丑恶的悲剧。写的是一个丈夫被自己的妻子遗弃、剥夺的故事。

夏倍伯爵是帝国禁卫军的上校，1806 年在普鲁士战场上身负重伤。他被一个农民救起。经过了一段调理，伤情养好之后，在国外流浪了 10 年。当他侥幸逃出万人坑以后，却被人当作疯子。

10 年后他回到巴黎，其时拿破仑早已下台，他也早进了阵亡名单，没有人再认识他了，都不相信他就是夏倍上校。

与此同时，他妻子，娼妓出身的罗士·夏波丹早侵夺了他的全部财产并改嫁法洛伯爵。为了要霸占夏倍上校的财产，保住她贵妇人的地位，夏波丹将夏倍带到乡下别墅，一连三天，竭尽柔情蜜意，大灌迷魂汤，勾起丈夫昔日的爱情。善良的夏倍上校一时激动，答应"为了所爱人的快乐"，情愿"重新钻下地去"。

就在这时，夏倍上校不经意中忽然发现了妻子的阴谋。妻子的鬼蜮伎俩伤透了丈夫的心，以致夏倍上校报复的念头也没有了，从此销声匿迹，到乞丐收容所了却残生。

《都尔的本堂神甫》内容与《夏倍上校》颇为类似，写都尔城的本堂神甫、生性善良懦弱的副堂长皮罗多如何被他的同事脱洛倍神甫

排挤、陷害的故事。

结果,清白的皮罗多神甫被教会打成骗子手,蒙受教内处分,免去圣职,而劣迹昭彰的脱洛倍神甫荣升主教,踌躇满志地离开都尔城,奔赴巴黎走马上任去了。

这两部小说从主题看,与巴尔扎克创作初期的作品有其连续性,都是写金钱的魔力、金钱的罪恶和爱的沦丧,但《夏倍上校》和《都尔的本堂神甫》重在细致入微地描写善良人的悲剧、善良人的厄运和淋漓尽致地暴露社会黑暗。

这两部作品标志着巴尔扎克的创作变得更扎实、更厚重、更丰富了。

1833年,在巴尔扎克创作生涯中是至关重要的一年。巴尔扎克的随笔杂论一下子少多了。前两年,他平均每年要写近百篇这样的文字,而现在,随着他一篇篇小说扬帆出航,随着他的声誉与日俱增,他似乎越来越不屑于写这类文字,而将精力投到小说创作中去了。

而且,在这一时期小说的篇幅比过去增大了。一些短篇向中篇扩展;一些中篇向长篇靠拢;同是中篇小说,这一年的也比前两年的要壮实得多,一些新的长篇如《欧也妮·葛朗台》等正在酝酿、构思之中。

与这些变化互为表里的是,巴尔扎克的创作风格、创作方法也在变化之中;视野越来越开阔,态度越来越冷峻,笔触更加细腻;神秘怪诞、巧言令色、大刀阔斧渐为朴实无华、平淡自然、精雕细刻所取代。不甘寂寞、锐意进取的巴尔扎克正在寻找新路。

《欧也妮·葛朗台》和《高老头》的问世标志着巴尔扎克的创作达到成熟阶段。

《欧也妮·葛朗台》是巴尔扎克"最完美的绘写之一"。小说最大的成就是塑造了一个吝啬鬼典型。

《欧也妮·葛朗台》写一个爱财如命的守财奴老葛朗台。他是一个箍桶匠，靠他的精明能干，白手起家积攒了一笔财产。

他爱财爱到了连亲兄弟、亲侄子，甚至亲生女儿都不顾的地步，以至于把他妻子给女儿留下的一笔遗产都千方百计地攫为己有。他的一个强大的权力的象征就是那一大把钥匙串。

但是，他终于没能永远拥有这串钥匙。在他死的时候，这串钥匙"哗啦"一声掉到了地下。

小说还塑造了一个善良、纯洁的少女，老葛朗台的女儿欧也妮·葛朗台的形象。她乐善好施，在堂弟落难时她给予了极大的同情和帮助。

这位少女和他守财奴的父亲形成了一个极为鲜明的对比。另外，小说刻画的老保姆形象也十分鲜明、感人。

巴尔扎克把资产阶级嗜钱如命的本质披露得淋漓尽致。葛朗台的形象是对资产阶级金钱拜物教的生动写照。巴尔扎克写出了法国大革命以后资产阶级暴发户的发家过程，揭示了在新的历史条件下资产阶级聚敛财富的特点。

葛朗台是一个通过政权更迭大发横财的暴发户，是大革命后得势的资产阶级的代表，又是复辟王朝时期游刃有余的大财主。他积聚财富的历史充满了血腥味。

这个吝啬鬼具有时代特征：他懂得商品流通和投机买卖的诀窍，尤其是懂得公债投机和资金周转的重要性，精通如何利用债务关系和商业信用提供的机会。

他既是大土地所有者，又是一个金融资本家，他的得势反映了复辟王朝时期土地、金融资产阶级主宰一切的社会现实。同年，巴尔扎克与出版商签订12卷《19世纪风俗研究》合同，实际上为后来的《人间喜剧》打下了基础。

1834年，巴尔扎克决定把自己的全部创作以《社会研究》为名，汇辑出版，并提出《社会研究》的详细计划，其中应包括《风俗研究》、《哲学研究》和《分析研究》。

这三部分合起来即是后来的《人间喜剧》。《绝对之探求》等中篇小说发表。开始了《高老头》《古物陈列室》《赛查·皮罗多盛衰记》等重要长篇小说的创作。

1835年1月，《哲学研究》出版，附有费利克斯·达文写的"序言"，巴尔扎克授意达文向读者介绍他的《社会研究》的宏伟构思。

同年5月，《19世纪风俗研究》第一卷出版，附有达文写的"序言"。达文列举了将要组成《风俗研究》的6个场景。

这所谓的《风俗研究》，就是对法国当时的社会生活、风俗人情进行研究后，用文学形式将它们表现出来，所以，这一部分实际上就是对当时法国社会生活的反映。

巴尔扎克为此写道：

> 我要描写一种生活的情景，每一种姿仪，每一种男性或女性的性格，每一种生活方式，每一种职业，每一种社会的地位，每一个法兰西省份，童年、青年和老年，政治、法律和战争。

他要求自己在做这一工作的时候，没有任何一点疏漏。必须翔实、准确而且充分。这一部分的内容最多，因此，他又将它分为6个门类。在他的计划中，这一部分要写114部作品。

当然，由于他的早逝，没能如数完成。这一部分，按照他自己的说法是要揭示"人类心灵的故事"，是一页一页的社会的历史，是现实中所发生的真实的事实。

《哲学研究》是对社会生活进行哲理的研究，也就是对现实生活进行深一步研究后用文学的形式把他的研究表现出来。

这样，它所表现的东西，就不仅仅是一些生活的表面现象，也是这些现象后面的更加深刻的东西。比方说，生活中有这样的情形、这样的"风俗"，那么，这情形、风俗是怎样产生的呢？它们说明了一些什么问题？这都是它要加以研究并在研究后加以表现的。

巴尔扎克也说过，写这一部分的目的就是要说明"感情的来源和生活的动机"。这就比《风俗研究》中所反映的生活现象要深刻得多了。它要探讨的是人的感情是怎样产生以及人生活的动机是什么的问题。

他还要探讨"社会或个人的生命所必要的推动力量或条件是些什么东西"的问题。他要研究是什么东西推动了社会或个人的生命。他要用批判的眼光去考察社会。

在《风俗研究》中，巴尔扎克要把个人描写成典型，也就是说，把一个人描写成具有共同特征的代表。比如《欧也妮·葛朗台》中的主要人物葛朗台老头，就是吝啬人的一个代表。作者把这类人物的共同特征都集中在他的身上。

而在《哲学研究》中，他要把"典型描写成个人"，就是说，把他研究出来的人类一些普遍性的东西通过个别人物表现出来。比如《驴皮记》中的贵妇人福多拉的虚伪、冷漠、优雅的外貌下隐藏的铁石心肠，是这一类富豪贵族的共同特征。

巴尔扎克通过对这类人物的观察、分析、研究，挖掘出他们身上这些共同的本质，然后通过人物将它们展现出来。对另一女主人公、平民女子保琳的刻画也是这样，他通过观察、分析、研究出这一类平民少女的共同美德：勤劳、纯洁、天真、朴实，然后把这些带普遍性的特征，通过这个人物表现出来。这一部分，他计划写27部小说。

《风俗研究》描写的多是一些生活的现象，而《哲学研究》描写的多是这些现象产生的原因。所以说，这两部分所反映的是一种原因和结果的关系。

在反映了生活这种因果关系之后，他就要进行《分析研究》的创作。

这一部分他计划写 5 部作品，但出版的只有一部，就是 1828 年所写的、引起了轰动效应的《结婚生理学》。他之所以要写这一部分，是因为在说明了一些社会现象的原因和结果之后，当这一页一页的社会历史、当这些深藏于人们心底的故事写完之后，这座大厦的基础就奠定下来了。

在写这些故事和历史的时候，巴尔扎克的原则是不去描写幻想的插曲，而是要描写现实中所发生的真实事情。

在《风俗研究》中，他要把个人描写成典型，而在《哲学研究》中，他将要"把典型描写成个人"。但无论把个人描写成典型还是把典型描写成个人，他都以生活为蓝本。他所要描绘的"永远是生活"。这一部分他预计写 15 册。

在《分析研究》里，巴尔扎克要表现更多的主观的东西。所以这本书很有可能就是指作者对以上两种研究进行的分析。他不准备再叙述故事，而是要"描写、批判和分析人的本身、社会和人类"。

在 1835 年，巴尔扎克的中篇小说《改邪归正的梅莫特》发表。这是一篇别出心裁、耐人寻味的小说。小说通过魔鬼梅莫特被迫"改邪归正"的故事说明物欲的追求势必导致精神的空虚和痛苦；权力和财富的无限拥有反使人感到人生的虚无；享尽欢乐等于毫无欢乐；占有一切，则一切就没有意义；饮食过度必然使味觉麻木；美女唾手可得反让人兴味索然。

这篇哲理小说是巴尔扎克对金钱万能说的批评和他对人生的思考。

而在这一年《高老头》出版。这部长篇小说被公认是《人间喜剧》的序幕和代表作。这意味着《人间喜剧》创作已正式启动。

《欧也妮·葛朗台》的诞生标志着巴尔扎克的创作迈向了一个新的台阶，巴尔扎克由此感到欢欣鼓舞是可以理解的。

巴尔扎克·丰硕晚年

不过，巴尔扎克并没有就此满足。他很快发现这部小说尚有一些不尽如人意和亟待改进之处：一是格局还显小，还局限在一个小家庭内盘旋；二是人物性格定型化，没有发展；三是语言夸张，未脱尽脸谱化、浪漫化的痕迹。

比如，对老葛朗台的吝啬和绝情性格的刻画虽然痛快、淋漓尽致，但毕竟有些过头。百尺竿头，更进一步，巴尔扎克寄希望于下一部作品。这部作品不是别的，就是长篇小说《高老头》。

《高老头》的故事发生在1820年前后。22岁的欧也纲·德·拉斯蒂涅，是一位从安古兰末乡下来巴黎读法律的青年。像无数从外省涌入巴黎的青年一样，他满怀着有朝一日能出人头地的梦想。

拉斯蒂涅住在兼包客饭的伏盖公寓，伏盖太太是公寓的主人。在这所膳宿费低廉的四层公寓里，住着形形色色的各类人物。包括共和政府时代军需官夫人古的太太、少女维多莉·泰伊番小姐、老姑娘米旭诺小姐、波阿莱先生、医科大学生皮安训，以及另两个引人注目的人物，40岁上下、戴假发、鬓角染黑的伏脱冷先生和高老头。

高老头是饭桌上的受气包，房客们都拿他作为取笑的对象。

69岁的高老头，1813年，刚来伏盖公寓的头一年，膳宿费是1200法郎，还带有不少银器和饰物，被尊称为高里奥先生。

那时，伏盖太太甚至还动过与他结婚的念头。之前，高老头每周总有一两次在外面吃饭，后来递减到每月一两次。此种变化被认为是因他财产慢慢减少所致。

第二年年终，高老头的膳宿费降到了900法郎。间或会有体面、漂亮的年轻女子来找他，使房客们不由猜测，高老头财产减少的原因是在外寻花问柳。快满第三年的时候，高老头每月膳宿费只有45法郎了。

拉斯蒂涅拿到文学士和法学士后，返乡一次。回来时，他带了封姑母写给德·鲍赛昂子爵夫人的引荐信。信寄出不久，鲍赛昂夫人便寄来一张舞会请帖。

在鲍赛昂夫人的舞会上，拉斯蒂涅迷上了漂亮的阿娜斯塔齐·德·雷斯托伯爵夫人，并自作多情地以为雷斯托伯爵夫人也喜欢他。

凌晨2时，舞会结束回到伏盖公寓，拉斯蒂涅仍心潮难平，虽点起了泥炭，却无心用功。此时，忽闻静夜里传来一声叹息，拉斯蒂涅推开门，见高老头房门底下有一丝光线，怕是邻居病了，拉斯蒂涅凑上锁孔向里张望，却见高老头正就着桌子，将镀银的银器绞搓成银条，完事之后，吹灭蜡烛，躺到床上叹了口气，忽又叫了声："可怜的孩子！"行为颇为可疑。

第二天，拉斯蒂涅穿戴整齐，步行来到雷斯托伯爵夫人府。在门口等候多时之后，进得客厅，竟听见高老头和雷斯托伯爵夫人的声音，还带了一声亲吻，后又见高老头离去。

冒失的拉斯蒂涅，当着伯爵夫妇和伯爵夫人情夫玛克辛的面说："刚才我看见从这儿出去的一位先生，和我住在一幢公寓里，而且是隔壁房间的高里奥……"

此话一出，在场三人的冷面冷语，令拉斯蒂涅意识到闯了祸，于是便赶紧告退。

出了伯爵府，满腹莫名委屈的拉斯蒂涅，冲动之下，上了辆出租马车，直奔鲍赛昂府，接着闯了第二场祸。

从鲍赛昂夫人口中，拉斯蒂涅得知德·雷斯托伯爵夫人是高老头的女儿，高老头还有个小女儿叫但斐纳，嫁给了银行家德·纽沁根男爵。两个女儿出嫁时，高老头各给了五六十万法郎。而现在，她们竟不认高老头了。

此时，拉斯蒂涅想到那夜高老头扭绞镀金盘的情形，不由感到高老头真伟大。

心绪不佳的鲍赛昂夫人在沉默良久之后，又建议拉斯蒂涅去追求高老头的小女儿纽沁根太太。

晚饭时，拉斯蒂涅望着高老头邻座的人说："从今以后谁再欺负高老头，就是欺负我。他比我们都强。"

吃完饭，拉斯蒂涅给母亲和妹妹写了封要钱的信。想到要利用亲人的感情，去达到追求纽沁根太太的目的，他不由得落下几滴眼泪。

与纽沁根太太勾搭上之后，拉斯蒂涅终日花天酒地，出入赌场。很快，就陷入了经济上无法维持的窘境。

一天，高老头和拉斯蒂涅正等来搬行李的车子。德·纽沁根太太忽然赶来，向高老头抱怨说纽沁根要搞得她破产了。不多时，德·雷斯托伯爵夫人也赶来，告诉高老头雷斯托伯爵要她在出卖财产的契约上签字，此外，情夫玛克辛仍欠着12000法郎。

情急之下，已被女儿榨干了的高老头痛苦地叫道："是的，我没有办法，除非去偷。可是我哪会去偷呀，娜齐！哪会去偷呀！"

拉斯蒂涅再回到公寓时，高老头已病倒了。陪在一边的皮安训告诉拉斯蒂涅，高老头早上又外出乱跑了，他的一个女儿则来过。原来，为参加鲍赛昂夫人的舞会，雷斯托伯爵夫人欠下了裁缝费1000法郎，高老头为此卖掉了最后的银搭扣和餐具，又将终身年金押给了高布赛克。

两个大学生轮番照顾高老头，可两个女儿，一个也没来。

第二天晚上，拉斯蒂涅劝但斐纳停止一切娱乐活动，好生照顾父亲，但说不动但斐纳，末了，还是陪她去了鲍赛昂夫人的盛大舞会。

德·阿翟达侯爵就要同洛希斐特小姐缔结婚约了。无数上流社会的人都专程来看鲍赛昂夫人的笑话。

舞会上，鲍赛昂夫人对拉斯蒂涅说："我永远不再见巴黎人，不再见人了。"

清晨5时，拉斯蒂涅目送鲍赛昂夫人登车，前往乡下隐居。

拉斯蒂涅再回到公寓时，高老头已奄奄一息了。女儿仍一个未到。

垂死的高老头寒心地说道："哎！倘若我有钱，倘若我留有家私，她们就会来了，会用她们的亲吻来舔我的脸！钱能买到一切，买到女儿。啊！我的钱到哪儿去了？倘若我还有财产留下，她们会来伺候我，招呼我：我可以听到她们，看到她们。做父亲的应该永远有钱，应该拉紧女儿的缰绳，像对付狡猾的马一样。我把一辈子的生命给了她们，她们今天连一小时都不给我！"

高老头死后，拉斯蒂涅去德·雷斯托伯爵府和德·纽沁根府间通报，却吃了闭门羹。得到的是门房一句："先生和太太谢绝宾客，他们的父亲死了，悲痛得不得了。"

拉斯蒂涅和皮安训倾其所有，安葬了高老头。德·雷斯托伯爵和德·纽沁根两家只派出了带有爵徽的空车。

拉斯蒂涅一人站在公墓的高处，远眺巴黎。王杜姆广场和安伐里特宫的穹窿之间，那便是他不胜向往的上流社会的区域。他气概非凡地说了一句："现在咱们来拼一拼吧！"

然后，拉斯蒂涅为了向社会挑战，到德·纽沁根太太家吃饭去了。

《高老头》与《欧也妮·葛朗台》都是写爱的沦丧或者说爱的失落。欧也妮和高老头，这一少一老都有钱或曾经有钱，却都未得到爱。

欧也妮父亲在世时，他只爱钱而不爱她。表弟查理当年曾与她海誓山盟，可海外发财归来，只想到财产和地位。他误以为伯父的吝啬出自寒酸贫穷，硬是毁了与她的婚约，另觅富家小姐为妻。蓬风先生死乞白赖地向她求婚，那不过是要独吞她的财产。

高老头就更惨了。他痴心地以钱换爱，以为只要倾其所有给女儿，就一定会换得女儿的爱。谁知，女儿是认钱不认父，见钱弃爱。

最后，高老头落得个贫病交加，形销骨立，惨死在旅馆这一悲惨的下场，而其时女儿们却花枝招展、兴高采烈地赴鲍赛昂夫人的告别舞会去了。

在表现爱的沦丧这一主题上，《高老头》显得更为充分、更为深刻。寻求爱而终不可得者不仅是高老头一人，显赫美丽如鲍赛昂夫人也敌不过长得像胖娃娃一样但却拥有丰富嫁妆的洛希斐特小姐，到头来被阿翟达侯爵抛弃。

鲍赛昂夫人的女友朗日公爵夫人也遭到同样的下场。泰伊番小姐虽是百万富翁之女，却被赶出家门，沦落社会，而其原因则是父亲财产太多，父兄要剥夺她的继承权。

金钱的魔力导致了爱的沦落，而爱的沦落再引起对金钱的疯狂追求。整个社会成了一个激烈争斗的蜂房。为了钱，人们施出浑身解数。

苦役犯伏脱冷，是一名凶残的掠夺者。他对社会一眼见底，主张强攻硬取。在生活中得像"在战场上一样，为了不被人杀而不得不杀人，为了不受骗而不得不骗人，把良心统统丢开，戴上假面具，冷酷无情地玩弄人，神不知鬼不觉地去猎取财富"。他说到做到，果然身体力行，将泰伊番的独生子杀掉了。

拉斯蒂涅则钟情于轻取巧夺的策略，在女人身上下工夫，终于按照表姐鲍赛昂夫人的密示，将纽沁根太太、高老头的小女儿但斐纳勾引到手。

小说末尾，他给高老头送了葬，在聆听和目睹了高老头的"教训"之后，"为了向社会挑战"，他心安理得而又"气概非凡"地到"德·纽沁根太太家吃饭去了"。

《高老头》先是在《巴黎杂志》上连载，后于1835年3月出单行本，很快便销售一空。

硕果累累的作品

1836年，巴尔扎克发表中篇小说《禁治产》。这部小说故事类似《夏倍上校》。在情节上则是《高老头》的续篇。

在小说中，德·埃斯巴侯爵夫人状告丈夫德·埃斯巴侯爵神经错乱已无力持家，需给以"禁治产"，即由他人监护其财产的处分，其实她是要独霸家产，不让诚实的丈夫交出本该交出的不义之财。小说对这位妖妇的恶行败德作了淋漓尽致的描写。与这个埃斯巴侯爵夫人鬼混的就是《高老头》的主人公拉斯蒂涅。

此时，拉斯蒂涅已摇身一变成为一个自私狡猾、老谋深算的青年贵族，他对老情妇纽沁根太太已经冷淡，取心狠手辣、工于心计的埃斯巴侯爵夫人以代之，因为在他心目中，埃斯巴侯爵夫人是一个理想的帮手，"是一个能代你火中取栗而不会连累你的朋友。倘若男人没有金钥匙能打开所有的门，这种太太便是能划破玻璃的金刚钻，替你把所有的门窗打开来"。有埃斯巴侯爵夫人相帮，当个公安部长，易如反掌。

这一年，《幽谷百合》出单行本。小说采用第一人称写法，内容是写主人公，年轻的费利克斯与一个比他年长得多的伯爵夫人恋爱的故事。

巴尔扎克在这本小说的自序中称：这部小说是他"采用'我'的形式写成的最重要的作品"。

这是他继《驴皮记》《路易·朗倍尔》之后的一部带有自传色彩的小说。这部小说是巴尔扎克对重病垂危的柏尔尼夫人的纪念，也是对卢梭的批评，因为他认为卢梭不该对培育和帮助过他的华伦夫人表示不满。

他在序中写道：

> 本书作者对于《忏悔录》的作者赞赏备至，对此人的为人则厌恶至极。这位让·雅克，那样为自己的情感而感到骄傲，又那样善于为自己辩护，怎能竟然斗胆拟出对华伦夫人的判决呢？即使你把大地上所有的王冠都戴在他头上，天使也要永远诅咒这个词藻华丽的作家，他竟然能够将对一位集母亲的心、情妇的魂、美妙初恋的思于一身的女子宰杀，作为祭品献到信息女神的祭坛上！

巴尔扎克对卢梭的批评有些偏激。卢梭晚年在其自传体小说《一个孤独的散步者的遐想》再次对华伦夫人给他的爱助表示了深切的感激之情，认为没有华伦夫人，就没有他的一切。

然而，从巴尔扎克对卢梭的批评中可以看出，柏尔尼夫人对巴尔扎克一生影响之大和他对柏尔尼夫人的感情之深。

1837年，《幻灭》第一部发表。在初版序言中巴尔扎克指出这本小说意图是，表现人的异化，并且揭示新闻界不为外人知悉的风习。

他强调，他虽不知道何时能够完成他这幅油画，但是他一定会完成，表明《幻灭》是他精心创作的重点作品。

《幻灭》是巴尔扎克惨淡经营、殚精竭虑的力作。与以前作品相比，它无论在内容的充实、批判的力度、思想的深度，还是在艺术表达上均有明显的推进和提高。

小说以外省青年诗人吕西安为中心人物，描写他从乡镇到巴黎，从默默无闻到显赫一时再到声名狼藉的遭遇，揭露了19世纪上半叶法国文化艺术界的丑恶内幕和党派倾轧，塑造了记者、演员、商人、贵族等形形色色的人物，内容之丰富，视野之开阔，非其他作品可以相比。

对此，巴尔扎克不无自得地写道：

> 本书的主题与本身一样广阔。勒萨日笔下的杜卡莱，莫里哀笔下的菲兰特和答尔丢夫，博马舍笔下的费加罗以及古老戏剧中司班卡，所有这些典型人物在这部书中大概都放大到了我们这个时代的规模。

小说将焦距对准当代上层建筑领域特别是新闻界、出版界、戏剧界，尖锐泼辣，痛快淋漓。

当时，法国文化艺术界与新闻、出版等部门的腐败、黑暗早已成为公开的秘密。但一般作家慑于新闻、出版的嚣张气焰，出于明哲保身的考虑，不敢捅这个马蜂窝，致使这些黑暗势力越来越猖狂，越来越肆无忌惮，变成了一个公害，一个行将"吞噬整个国家的癌症"。

对此，巴尔扎克深恶痛绝。他越来越感到，正视这一癌症，暴露这一癌症，尽可能地制止这一癌症的发展蔓延乃是自己不可推卸的天职，于是他怒目相向，拍案而起，写下了这部小说。

在这部小说的序言中，他写道，"报界风气这种广阔的题材，单写一本书或一篇序言是远远不够的"，"自己不过是描绘了这种流弊的开端"。

他无求于报界，不想"依赖报界这根沾满鼠疫病菌的拐杖"。他明确表示，自己不怕报复并准备为此不惜付出"高昂的代价"。这部小说的创作体现了巴尔扎克的浩然正气，显示了他的崇高的人格。

《幻灭》作为巴尔扎克的代表作，作为他一生创作的最高成就是与对人的研究和对人的发现分不开的。

巴尔扎克从投身创作的第一天开始，就始终重视对人生的哲理探讨。早在1831年，他就在《驴皮记》中通过主人公拉法埃尔走向堕落的过程阐发了"追求私欲等于自杀"这一深刻的哲理。

《幻灭》中，吕西安走向堕落的过程则是拉法埃尔寓言故事的现实写照。在这部小说中，巴尔扎克具体而细微地描写了吕西安这样一个颇有才华、素质和人品原本不算坏的年轻诗人怎么一步一步在环境的熏染下无可挽救地沉沦下去，从而揭示了当代社会如何"把人异化得那样厉害，以致在任何地方人都不像人了"这一深刻的真理。

《幻灭》是一部表现巴尔扎克本人的思想感情和直接生活体验方面的作品，所以写得极其生动、深刻，发人深思。书中的几个主要人物，他们的不同遭际大多取自于巴尔扎克本人的经历，其激情、理想、奢望、苦难、荣辱他都体味过。大卫·赛夏反映了他经营印刷厂、铅字铸造厂和债务缠身的经历，德·阿泰兹的形象，反映了他从生活和创作中得出的信念、主张，而吕西安的形象，则反映了他在文坛和新闻出版界的沉浮。

巴尔扎克借吕西安的言语、行动，大胆地揭露了新闻界的内幕，他一桩桩一件件地列举新闻界那些见不得人的勾当，撕开他们的面纱，让人们清楚地看到拿灵魂做交易的人的真面目。在巴尔扎克看来，新闻界既是现代社会恶劣风气的集中而露骨的表现，也是进一步毒化社会的痼疾。他在《幻灭》第二部初版序言中说，正是这股恶势力，"扼杀了大量的青春和才能"，把无数吕西安式的青年引向毁灭的深渊。

《幻灭》写完之后，巴尔扎克长长地吁了一口气，他发现，他已能随心所欲地深入到社会组织的核心中去，对构成社会整体的互相交织的成分的理解越来越具有预见性，一部部具有浓郁的现实主义气息的作品在他笔下流泻出来。

在40岁刚刚出头的年龄，巴尔扎克已创作了大量作品，创造了2000个生活在现实世界中的典型人物，其中许多成了永恒的典型，流传不朽。

1838年，巴尔扎克出版了两部长篇小说《赛查·皮罗多盛衰记》和《纽沁根银行》。这是继《高布赛克》《欧也妮·葛朗台》之后，在成功地塑造了高利贷资本家、投机倒把资本家之后，为第三代资本家即金融资本家"树碑立传"。

这两部小说在具体情节上虽没有联系，但同出一个时代，同写一个主题，许多人物交相出现。

《高布塞克》写的主人公高布塞克是一个一毛不拔的守财奴，他以放高利贷起家，爱财如命。他爱财，更欣赏自己的生财之道，为自己的这点"艺术"而大为得意。

不过，这个人多少还讲一点义气，在他临死的时候还留下了遗言，把一个已经去世的人托他保管的一笔财产交还给了那位委托人的儿子，而这笔钱是连单据都被烧毁了的。

在高布赛克以后，巴尔扎克又塑造了一系列资产者的形象。高布赛克是早期资产者的典型，除放高利贷是他敛财的主要手段，他显然还不懂得商品流通和资金周转的重要。

葛朗台、纽沁根等人物比他还要精明能干，随着这些人物登上《人间喜剧》的舞台，巴尔扎克对于资产者的刻画和塑造，无论在深度上还是在广度上都有了更进一步的开拓。

不过，作为资产者的祖师爷和哲学家，高布赛克的地位是不可取代的。巴尔扎克对他情有独钟，继1830年《高布赛克》初次发表以后，1835年又特地出了个修订本。

在对这一形象的理解中渗透着巴尔扎克对资本主义社会的深刻批判。可以说，正是在这一形象的塑造中，巴尔扎克找到了一把打开资本主义社会的钥匙。

《赛查·皮罗多盛衰记》是作者为中小资产阶级立言，描写商界中以中小资产阶级为一方、以金融资产阶级为另一方的矛盾冲突，并以前者的诚实和失败，后者的狡猾和成功为结局，真实反映了金融资产阶级统治世界和商品经济急剧发展的时代特点。

而《纽沁根银行》则是以纽沁根的发迹为中心，集中描写了资产阶级狼狈为奸，陷千家万户于灭顶之灾的丑恶内幕。

在《赛查·皮罗多盛衰记》的初版序言中，巴尔扎克这样写道：

本书是讲在各处社交圈子里滚动的一枚徽章的正面，反面是《纽沁根银行》。读《赛查·皮罗多盛衰记》的人，如果想了解整个作品，一定要去读《纽沁根银行》，任何喜剧作品必有两面。作家这个伟大的诉讼报道员，应该让对手面对面。

在同年出版的《巴尔扎克两卷集》的序言中，他再次强调要如实地描写社会，认为自己首先是一个当代史家。

在1839年，《幻灭》第三部，即《外省大人物在巴黎》出版。巴尔扎克在序言中指出，《幻灭》尚未写完，它将是《风俗研究》中一个最后的场景。

同时，长篇小说《古物陈列室》出版。

小说写外省贵族、保王党领袖德·埃斯格里尼翁侯爵为维护贵族传统和纯洁的血统与自由党头子、资产阶级暴发户克鲁瓦谢对抗并最终败北的故事。

小说通过侯爵的败家子德·维克蒂尼安的腐化堕落和不得不向资产阶级缴械投降，娶克鲁瓦谢的女儿、万贯家财的女继承人杜瓦尔小姐为妻。说明贵族阶级之没落是不可避免的。

小说中借一个生活在国王身边的贵夫人之口喊出："贵族阶级现在已经不存在了，只剩下了一点残余，拿破仑的对已经消灭了贵族的称号，正如大炮已经摧毁了封建社会一样！"

这部小说与《幻灭》一起标志着巴尔扎克的创作从"小家庭"

进入到"大社会",从而进入一个新的阶段。

在 1840 年,巴尔扎克发表中篇小说《比哀兰德》、短篇小说《浪荡王孙》、长篇小说《两个新嫁娘的回忆》。在这一年里,巴尔扎克向某出版商写信,首次正式披露《人间喜剧》的计划。

第二年,巴尔扎克发表了长篇小说《搅水女人》,这部以遗产之争为主要情节的小说,算得上《人间喜剧》中最惊心动魄的场景之一。

争斗的双方,一方是当地"逍遥骑士"———一帮游手好闲的无赖的首领玛克斯吉莱;另一方是极有心计的兵痞菲利浦·勃里杜。前者是牢牢控制着财主鲁杰的搅水女人的情人,后者是鲁杰的亲外甥。

两个都曾是拿破仑旧部中身手不凡的军官,领兵打仗的能手,两个恶魔将作战的勇敢和智谋用来争夺一笔可观的家产,这场较量不用说要多激烈有多激烈……

这是巴尔扎克以现代眼光研究的态度下写的小说。再以本书在"人间喜剧"这个总体中所占的地位而论,以巴尔扎克在近代文学史创造的人物而论,公认的典型,可以同高老头、葛朗台、贝姨、邦斯、皮罗多、伏脱冷、于洛、杜·蒂埃等并列而并传的,既非搅水女人,也非脓包罗日,而是坏蛋菲利浦·勃里杜。菲利浦已是巴尔扎克笔下出名的"人妖"之一,至今提到他的名字还是令人惊心动魄的。

同年,发表长篇小说《一桩无头公案》。这是一部宏伟的政治小说,内容揭露 19 世纪初法国政治生活的阴谋事件。

在这部小说的序言中,巴尔扎克从作家如何如实反映历史真实这一当时有争议的问题谈起对"典型"的概念作了精辟、深刻的表述,这是 12 年来巴尔扎克从事《人间喜剧》创作的经验之谈,是他,也是西方现实主义理论的辉煌成果。

至此,现实主义的典型理论终于确立了。

1832~1841 年,巴尔扎克创作小说 49 部,占《人间喜剧》全部

作品的 60%。

在这 10 年，平均每年出 5 部作品之多。这期间的创作不仅数量多，而且呈现出持续递进、不断攀登的趋势，一部与一部不一样，一步一个脚印，与此同时，巴尔扎克的现实主义创作理论也在日渐发展并终于奠定确立。

通过这些年的写作，这些作品的成型，《人间喜剧》的基本框架也逐渐形成。

1842～1848 年，巴尔扎克依旧每日在疲于写作中。长篇《烟花女荣枯记》既展现了上层社会灯红酒绿、纸醉金迷的糜烂生活，又细致地描绘了下层社会和监狱的情景。这一阶段巴尔扎克更加关心当代生活，七月王朝的现实成为他写作的主要对象。

除了《人间喜剧》以外，巴尔扎克还写过 6 部剧本和一部《笑林》。为了兑现自己许下的诺言，巴尔扎克又马不停蹄地投入到新的战斗。从这时起的 8 年多的时间内，巴尔扎克共写了 10 多部小说，其中大部分为长篇小说，最著名之作有：《幻灭》第三部、《贝姨》、《邦斯舅舅》。

《幻灭》无疑是这一时期的代表作。它既有对社会现实的宏观描写，又有对典型人物形象的微观解剖。《幻灭》的中心内容，讲的是两个有才能、有抱负的青年理想破灭的故事。

主人公吕西安是一位诗人，在外省颇有些名气。他带着满脑子幻想来到巴黎，结果在巴黎新闻界恶劣风气的影响下，离开了严肃的创作道路，变成无耻的报痞文氓，最后在党派倾轧、文坛斗争中身败名裂。他的妹夫大卫·赛夏是个埋头苦干的发明家，因为敌不过同行的阴险算计，被迫放弃发明专利，从此弃绝了科学研究的理想。

作者将这两个青年的遭遇与整整一代青年的精神状态，与整个社会生活，特别是巴黎生活的影响紧紧联系在一起，使之具有了普遍意义。在巴尔扎克笔下，19 世纪的巴黎好比希腊神话中的塞壬女仙，

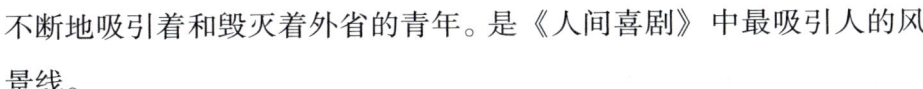

不断地吸引着和毁灭着外省的青年。是《人间喜剧》中最吸引人的风景线。

《贝姨》写出了七月王朝时期资产阶级的荒淫无度、道德堕落。于洛男爵是淫欲的化身，这个早年立过军功的资产阶级英雄人物，如今变得像公猪那样可鄙。

暴发户克勒维尔则是表面上高唱伦理道德，暗地里男盗女娼的流氓恶棍，这类人物是拿破仑第三上台的政治打手。

《贝姨》发表于1846年，它是巴尔扎克晚年的杰作。小说的主人公贝姨，是一个生在乡下的姑娘，带着一身的乡土气息。由于美丽善良又得到高贵的堂姐的关切来到了法国巴黎城里，性格倔强的贝姨一方面满怀着对堂姐的妒忌，一方面又好胜地忘我勤奋学习，成立了属于自己的家庭。

然而时代社会的动荡万变和本性的顽固不得不让她又一次沦落成工人，接下来的故事并不会就此平淡度过，贝姨没有放弃和屈服于现状，为着自己的目标继续活着，坚强地拼搏，最终她得到了满足——有了一份自己的事业。

贝姨是巴尔扎克笔下相当特殊的一个形象。小说以其命名，可见作家对她的重视。她为某种情欲所左右，但色调构成却十分复杂。集"丑"与"恶"于一身，是这个人物给读者的第一印象。作家为她勾画了一幅令人生厌、令人生畏的漫画像，又赋予她同样令人生厌、令人生畏的嫉妒心。

这种仿佛与生俱来的怪癖心理，侵扰着她自己的灵魂，也破坏着别人的幸福；在与瓦莱丽的淫荡结合后，更形成为一种巨大的，甚至能"毁灭整个城市"的邪恶力量。但是，贝姨的形象又远非"恶"的化身。

这部小说所反映的时代从1799年到1845年12月底，历时半个世纪，其历史跨度之长创《人间喜剧》小说之最。

这部小说里人物众多，它不是以一个主人公为主，点缀一些次要人物，而是同时写几个家庭、几组人物，用网状的、多元的结构代替了过去的传记体形式和单一中心结构。《贝姨》容量之大几乎超出了过去所有的作品。

《邦斯舅舅》描写了两个音乐家的悲惨遭遇。《邦斯舅舅》发表于1847年，它是《贝姨》的续篇。小说讲的是：邦斯舅舅是音乐家，一个诚实而高尚的自食其力的人。他非常喜欢绘画艺术，为了丰富自己所收藏的名画，他不惜付出一切精力，挖空一切心思。当人们不知道他家中有这些宝藏时，谁也不把他放在心上。当获悉这些名画的价值时，为了夺取孤独老人邦斯的遗产，以卡缪佐为首的一些上流社会的人们便千方百计，使尽种种手段谋取他的财富。

刻画人性的贪婪和卑劣、物欲横流、道德沦丧，是《贝姨》和《邦斯舅舅》的主题。在表现人的异化和人性之恶上，这两部小说居《人间喜剧》之冠。

《农民》再现了复辟时期农村激烈的阶级斗争，反映了资产者怎样在农村取代贵族的过程，展示了当时农村的历史发展面貌。巴尔扎克的描绘从个人的争夺，或者党派、集团之间的争夺，发展到描写阶级之间的生死搏斗。

而就在这一时期，巴尔扎克对创作的艰苦有切身的感受，正如《贝姨》中的一段话：

劳心的工作，在智慧的领域内追奔逐鹿，是人类最大努力之一……艺术家不能因创作生活的磨难而灰心，还得把这些磨难制成生动的杰作。工作是一场累人的战斗，使精壮结实的身体一则以喜一则以惧，往往为之筋疲力尽。

如果艺术家不是没头没脑地埋在他的工作里，像罗马传说中的居尔丢斯冲入火山的裂口，像士兵不假思索地冲入堡垒；如果艺术家在火山口内不像地层崩陷而被埋的矿工一般工作，那么，作品就无法完成，艺术家唯有眼看自己的天才夭折。

事实上，这正是他的艰苦之谈。

这两部作品的创作标志着巴尔扎克对资本主义的文明和人性的本质有了更深的认识，昔日的浪漫主义和廉价的乐观主义让位于现代悲剧主义。

与此相适宜，在叙述方法、艺术手法上，这两部作品较过去也有明显的不同，态度更冷峻、更客观，笔触则更细腻、更真切了。

对于巴尔扎克晚年的这两部作品，奥地利作家茨威格在其《巴尔扎克传》中曾评论道：

> 从他《穷亲戚》的原始设想中产生出来的《邦斯舅舅》和《贝姨》这两部小说，是他最卓越的成就。他在盛年之期达到了他的艺术高峰。他的见识从来没有过这样的洞若观火，技术从来没有这样的游刃有余，议论从来没有这样的铁面无情。
>
> 在这里根本看不到曾经损害过他若干早期作品的那种虚假的理想主义和令人厌恶的感伤主义。它们反映了实际经历的辛酸痛苦和对于世界的真知灼见。他的眼睛已经擦亮，不再图表面的成功和卖弄生活的阔绰了。
>
> 当巴尔扎克屹立于他的时代的上面，创造出绝对的社会准则，根本不想去迎合他的同时代人的趣味的时候，他就达到了他最伟大的地步。
>
> 《邦斯舅舅》和《贝姨》的背景都放在19世纪上半期的巴黎，这实质上是无关紧要的。它可以转移到现在的法

国、英国、德国或美国，转移到任何时代的任何国家，因为巴尔扎克在这儿所关心的是一些基本的感情。

这两部晚期小说以激动人心的感情强度使那些早期作品中的伏脱冷的形象，在对比之下显得几乎是情节剧似的夸张不实了。它们的现实主义，感情的真实和对原始情欲的分析，在法国文学中是无出其右的了。这是对巴尔扎克艺术的一次宏伟的告别式。

完成《人间喜剧》

当然，巴尔扎克也不是所有的年月都这么疲于工作，这是任何一个人也忍受不了的。

在一段工作结束之后，巴尔扎克也出去访友旅行，享受轻闲的生活。不过，即便在这些时候，他的轻闲仍是有限的。

旅行时，他仍想着他的写作，访友时，他常常不得不因工作而推迟他的时间。即使对他热恋中的情人，他也不得不常常通知她们，在下午17时之前不可能见到他。对于他，工作是重于恋爱的。《人间喜剧》比真实的世界更为重要。

除了写作之外，巴尔扎克还有很多很多的杂务，他必须与出版商讨价还价，有些东西他需要亲自采购。他还兴办过很多事业，帮人家打过官司，写过讼状。他还帮助德·帕尔尼夫人管理过财产，帮德·韩斯卡夫人清理过财政。他所从事的创作之外的事情，也可以与他的创作等身。

在这样一番不顾死活的劳顿过后，一本书写完了，巴尔扎克开始享受一下生活了。在长期的离群索居，连自己的声音都听不见的孤独里，在艰苦的禁锢中，他一旦回到人世，就也像他工作时的凶猛一样去享受人世的快乐。

他会用无所顾忌的高谈阔论，来补偿那日日夜夜的不得言语的憋闷，他会放开胃口来补偿那工作时间的食物匮乏，他会用无所顾惜地花钱来偿还那终日困居的冷清，他会以催马疾驰的旅行来弥补那幽居的孤苦。

总之，在工作完成之后，他会想出各种办法来补偿那身体和心灵所受到的损乏，从而换回开始新工作的体力和心境。

这样不顾死活的工作，练就了他娴熟的笔力、深刻的思想、尖锐的眼光。他的成功已使他不再是一个对自己的能力抱怀疑态度的小青年了。他已感到了自己的力量，他完全可以用笔征服全世界，正如拿破仑曾想用剑去征服的那样。

他知道，如果仅仅是为了赚钱的话，他可以写出更多的让妇女们流泪、供沙龙闲谈的作品。但是，他除了认识到自己的力量之外，同时还认识到了自己的使命。他不能够只博取妇女们的一笑一泪，不能只写一些供阔人们茶余饭后谈资的通俗作品。

他有一个更崇高的创作目的，那就是要写出人间的种种世相丑态，并且把它升华为一种哲理。确定了这个目的，他就甘冒失去读者的危险，虽然失去读者意味着就是失去收益。

与此同时，通过繁重辛勤的写作，巴尔扎克的多种风格也正在形成。他能够在校对哲学小说的稿样时，写作一篇《滑稽的故事》。他能写出嬉笑轻松的《笑林》，也能写出深具哲学意味的《路易·朗贝尔》。

这种现象说明他为达到上述目的而试验着、培养着自己的能力。当他从实际的创作生活中磨出了才能之后，他知道，创作出一部19世纪生活的百科全书的能力具备了。

他自觉地认为，一个像他这样的小说家，应当是去解决人类的一些重要问题的，那些社会的、哲学的、生活的、宗教的等，应当用一种崇高的艺术形式去提高小说的水平。

这一认识，这一自觉使命，正是在他与德·卡斯特里侯爵夫人的恋爱失败后建立的。所以，可以说，他的个人生活不幸，往往是他创作成功的一种前提。

在《乡下医生》和《西拉飞达》未能取得预想的结果之后，巴尔扎克创作了《无名的杰作》，这真是一部不朽的杰作。

这时，巴尔扎克已经在哲学小说方面显示出了惊人的渊博知识、发达与灵活的头脑。但是，哲学小说以及宗教小说都不是他的拿手戏。他善于叙述故事，善于思考生活，更善于观察生活。

在各种创作方法都经历、尝试过之后，巴尔扎克深刻意识到写实主义的意义。靠着它，他写出了一系列堪称优秀的作品。其中第一个成功的就是《夏倍上校》。第二个成功的就是人所共知而且百读不厌的《欧也妮·葛朗台》。

他运用现实主义的一大法则，创造典型环境中的典型人物，创造了可作为吝啬人物代表的葛朗台老头。

那些人物是只要闭上眼睛就能将他们在自己的意识中呼唤而出的，欧也妮的单纯、素朴和虔敬；老葛朗台的贪婪、悭吝；老女佣的忠实和丑陋。而这一成就的取得，全在于现实主义创作方法的运用。

这一方法的基础，正是对生活的深入了解，直至理解。而这就离不开对生活的观察。所以，有人评说巴尔扎克的小说，是在一个叙述家和思想家之间，站立着一位生活的观察家。

他认为，创造需要的是正当的观察、集中、紧凑、吸取最大的成分，揭发感情，暴露最强的人的弱点。由此他发现了一个绝大的秘密，生活是写作的源泉，是一座无穷无尽的矿山。

由于观察，生活中的每一个人几乎都成了《人间喜剧》中的一个角色。这就是巴尔扎克的决胜点。掌握了这个诀窍，巴尔扎克获得了够他下半辈子忙不完的工作蓝图。他认为，不应当只把每一部书孤立单独地写出，只写出一些"个人生活的图像"是不够的，它们应当联系在一起。

1834年10月，巴尔扎克已设想了一个大致的轮廓：

"到1838年，巨大工作中的三个部分要完成到这种程度，使人至少认识到这结构的计划，而对概念的全貌有所判断。在《风俗研究》中，社会情况的一切反响都要描述。

"我打算描绘生活中每一情景,每一姿容,每一种男女性格,每一种生活方式,每一种职业,社会的每一阶层,法兰西的每一省份,生活的童年、盛年和暮景,政治、法律和战争不得疏漏一项。

"这一点做到了,人类心灵的故事一缕一缕地被揭出,社会历史的各个分支也展开了,这之后,基础才算奠定。我并不希望描写那些渊源于想象的插曲,我的题材都是各处实际发生的事迹。

"然后,就进行第二阶段《哲学研究》。效果的描写之后应继之以原因的描写。在《风俗研究》里,我将说明感情、生活和生活的结果之间的相互作用。在《哲学研究》里,我将谈论感情的来源和生活动力的成因。我将提出一个问题,只要缺了它们,社会和个人的生命就不能延续下去的那些作用力量,那些条件究竟都是什么?用这个方式讨论了社会之后,我将用批判的眼光去考察它。在《风俗研究》里,个人将作为类型来描写,而在《哲学研究》里,这些类型又将作为个人来描写。不过,我所描绘的永远是生活。

"最后,继原因与效果的描述之后,要进行的就是《分析研究》了,其中一部分就是《结婚生理学》,因为在效果和原因之后,我们就应追求原则。风俗提供戏剧,原因表现了幕后和舞台机构,最后就是原则,换句话说,就是戏剧的作者。不过,在比例方面,当整个工作像是以一系列螺旋形向上升高时,它就变得狭窄,变得集中了。

"如果《风俗研究》需要24册的话,那么《哲学研究》我将写15册,而《分析研究》只需要9册就行了。用这种方式我可以描写、批判和分析人的本身,社会和人类不必在作品中有所重复,这部作品将成为西方的《天方夜谭》。

"当这一切都完成了的时候,当我写完最后一个字的时候,这时,人们可以认为我或者做对了,或者做错了。但是,在获得这个文学成果之后,在完成整个体系的这一描述之后,我将转向科学方面去写一篇《人所赖以推动的力量》的论文。并且在这座巨厦的基础上,作为孩提和幽默的装饰，我还要画出那部《笑林百篇》的巨幅蔓藤。"

为了完成他的宏伟计划，巴尔扎克曾预想，即使他不会像著名的黎巴嫩雪松一样长寿，至少也可以活到 60 岁。他还自信地在心里加强这种信念：他一定可以活到 60 岁，并且计划之后的所有时间，他要全部用在文学创作之中。

他像往常那样，躲进囚室，摒除外界的一切干扰，透支着自己的生命，一部部地写下去，并完成了一部部第一流的作品。

1841 年 10 月 2 日，巴尔扎克同 4 位出版商签订了出版他全集的合同。根据合同的内容，出版商有权"在他们认为合适的时刻，刊印两版或三版巴尔扎克的所有已经出版了的著作，或在本合同有效期间可能发表的作品，初版均为 3000 册，为 8 开本，约 20 卷，篇幅可多可少，视全集的需要而定"。

巴尔扎克拿到了 15000 法郎的预支稿费，卖出 40000 册之后，还将以每册 50 生丁计算版税。这样一来，巴尔扎克就有了一项源源不断的可靠收入，而且其数目还会逐年增加，合同中唯一的限制条款是如果校样改后重排的费用超过了每页 5 个法郎，他就得自掏腰包去偿付超出的费用，他也欣然接受了。

从这一条款中可以看出出版商的精明，因为巴尔扎克经常在校样上反复修改，这就增加了印刷成本，经他多次校改后清样重排的费用最多时竟达 5200 多法郎。

出版商们不大赞成用《巴尔扎克全集》这个书名，认为这个名称过于普通，不足以引起读者的注意和购买欲。

他们建议巴尔扎克另找一个总标题，这个总标题要能体现他全部作品的风格和特点。实际上这正与巴尔扎克不谋而合。

早在 1833 年他的朋友费利克斯·达文为他的《哲理研究》和《风俗研究》代写那两篇著名的序言的时候，巴尔扎克就认识到，他的计划是写出形形色色的众生相，而每一本书只是他宏伟大厦整体结构的一个层次。

问题在于有必要找到一个总的名称，表现出作品的整个范围。他考虑了各种建议，但总是觉得不太妥当。

他一度设想以《社会研究》作为全集的总标题，但不久又放弃。终于有一天，他的朋友，与他谈起在意大利读过《神曲》的原著，巴尔扎克由此突然产生了灵感：他的全集就叫《人间喜剧》，和但丁的《神曲》的原名《神的喜剧》作一对照，这样巨著《人间喜剧》便诞生了。

按照巴尔扎克自己所开的《总目》，《人间喜剧》应有小说137部，当时已发表或已脱稿的85部。

1845～1848年，也就是巴尔扎克生命的最后3年中，他又写出了6部。这6部，包括《邦斯舅舅》《贝姨》等。这6部作品，没有列入他1845年开列的《总目》内，如果加进去，到他逝世为止，他的《人间喜剧》完成了的一共是91部。

《人间喜剧》中成就最高的有《最后的朱安党》《高布塞克》《驴皮记》《路易·朗倍尔》《夏倍上校》《乡村医生》《欧也妮·葛朗台》《对于绝对的探索》《高老头》《幽谷百合》《老姑娘》《塞查·皮罗多兴衰记》《幻灭》《村里的神甫》《于许勒·弥鲁蔼》《农民》《贝姨》《邦斯舅舅》《老古玩店》等。

人们把《人间喜剧》称为"社会百科全书"，就是说，它包容了19世纪法国社会生活各个方面的各种人物。从它里面，你可以了解到当时法国社会生活的各种情况，它提供给你关于资本主义社会丰富的生活画面、人情世态；可以了解到资本主义社会的面貌和本质。

它会告诉人们，资本主义社会是个什么样子的社会。恩格斯说，他从《人间喜剧》中获得的资料"甚至在经济细节方面所学到的东西，也要比从当时所有职业的历史学家、经济学家和统计学家那里学到的全部东西还要多"。

巴尔扎克自己也在《人间喜剧》导言中写道：

> 法国社会将成为历史学家，我不过是这位历史学家的书记而已。开列恶癖与德行的清单，收集激情的主要事实，描绘各种性格，选择社会上的主要事件，结合若干相同的性格上的特点而组成典型，在这样做的时候，我也许能够写出一部史学家们忘记写了的历史，即风俗史。

《人间喜剧》全书91部，有2400多个人物。淋漓尽致地揭露了资产阶级贪得无厌、自私自利的剥削本性。是法国文学史上，甚至也是世界文学史上规模空前宏大、内容空前丰富的现实主义作品。

为了保证《人间喜剧》在出版时一举成功，出版商们要求巴尔扎克写上一篇序言，向读者说明一下他选择这个书名的缘由，这会起到画龙点睛的作用，否则读者会认为他言过其实。

但是一开始巴尔扎克由于劳累过度，不大愿意写这篇序言。他建议再版用费利克斯·达文的原序，认为它足以使读者明白作者的创作目的和意图了。

之后，他又提议去请乔治·桑写一篇出版商坚持要写的新的序言。然而到最后，他还是被出版商的一封机智而又充满善意的规劝信给说服了。出版商在信中劝他"不要抛弃他自己的孩子"，还对怎样写这篇序言提出了很有见解的指点，他在信中指出：

> 尽量把它写得谦虚和客观，话要说得非常冷静。设想您是一个回首往事的老人，要像您自己笔下的一个人物那样说话，这样您就会写出人们爱不释手的有价值的东西来了。
>
> 所以，去写吧，我的胖老爹，请宽恕我这么一个卑微的出版人用这种方式对尊敬的阁下说话。您知道，我这么做，

是出于一片好意。

因此，巴尔扎克就安坐在桌前，写出了《人间喜剧》的那篇洋洋洒洒、光彩夺目的前言。

这篇文章确实写得既冷静又客观，大大超过了人们通常对他所抱的期望。以务实的明智，他认识到赫哲尔的忠告是合情合理的。而且在主题的崇高、广博、宏伟与人们建议他采取的个人谦卑之间，他找到了两全其美之道。

巴尔扎克曾向韩斯卡夫人承认，他花在这长达 16 页的一篇前言上的力气比耗费在整整一部小说上的力气还要多。或许这真的不是夸大其词。在这一长篇前言中，他试图阐明自己的创作动机。

如他所说，建造《人间喜剧》这座大厦的念头，最初是在他研究着夫华·圣伊莱尔和布封的时候产生的，"来自人类和动物界之间进行的一番比较"。

在这篇前言中，巴尔扎克说正如各种兽类都在各种不同的自然环境中发展为特殊生物一样，人类也必然在社会环境的影响下发展起来。如果要写出一部包括三四千人物的"人心的历史"的话，那么，每一种人物、每一个社会阶层、每一种社会阶层的形式和感情，都应当有一个人物去代表。

很早的时候，巴尔扎克就有感于人世间存在着形形色色的人物类型。恰似自然界中不同类别的动物。"士兵、工人、官员、律师、游民、学者、政客、商人、水手、诗人、穷汉、神甫彼此大不相同，一如狼、狮、驴、乌鸦、鲨鱼、海豹、绵羊等各异其趣。"

人类之间的区别和动物界各种动物之间的区别在性质上是一致的。在巴尔扎克看来，要想写出一部包括三四千个人物的"人类心灵的历史"，那么社会的每一阶层，它的每一样式和每一情感，必须至少有一个角色去代表，并且要把个别的人物形象和事物彼此联系起来，让它们能够"组成一部包罗万象的历史，其中每章都是一篇小说，每篇小说都标志着一个时代"。这样就会大大超越前人的局限。

人类的本性千变万化，即便是世上最负盛名的小说家，如果想取得丰硕的成果，也必须对社会详加观察，认真研究。

艺术家的任务就是用他的创造力去联系每一个人和他们的故事，来"构成一篇完全的历史，其中的每一章都是一部小说，每一部小说都代表一个时代"。

他以冷静客观的态度说："法兰西的社会是真正的历史学家，我不过是指挥这个历史学家的笔杆罢了。在记录社会的善恶，选择社会的重要事件，结连许多同类的人物而铸成典型之中，我也居然写下了许多历史学家所忘记动笔的一部道德的历史。"

《人间喜剧》不仅是一部法国社会的历史，而且是一部被历史学家们遗忘了的道德的历史。

巴尔扎克还同时发出要求一个更美好的世界的呼声。他在《人间喜剧》的前言当中写道：

> 我的这套作品就很自然地划分为"私人生活场景"、"外省生活场景"、"巴黎生活场景"、"政治生活场景"、"军事生活场景"和"乡村生活场景"。构成社会通史的全部"风俗研究"便可归纳入这6个部分之中。
>
> "私人生活场景"表现了童年、少年及其过程；而"外省生活场景"却表现充满激情、盘算、利欲及野心的岁月；其后，"巴黎生活场景"展现出癖好、恶习和各种放纵无度的现象，各国大都会独特的风俗诱发了这一切，至善与至恶便是在那里交织在一起。
>
> 这三个部分各有地方色彩：巴黎与外省，这种社会的反衬对比提供着无比丰富的创作源泉。不仅人物，而且生活里

的主要事件也都有典型的表现。

有一些情境人人都经历过，有一些发展阶段十分典型，正好体现了我全力追求的那种准确性。我竭力反映我们美丽国土的四方八域。我这套作品有它的地理，也有它的语系与家族、地点与道具、人物与事实，还有它的爵徽、贵族与市民、工匠与农户、政界人物与花花公子，还有它的千军万马，总之，是一个完整的社会。

这3部分完成了对社会生活的描述之后，就要表现特殊的生活，它凝结着一些人或所有人的利益，可以说是逾越正常的法度的，这样就产生了"政治生活场景"。

到了这幅广阔的社会画卷竣工之时，不是还应当表现一下社会最暴烈的面貌吗？为了防守或者征讨的需要，这时的社会正在野外奔波驰骋。"军事生活场景"就是由此而来的，这部分的作品目前还是最不完全的。不过，我在这个版本里已经为它留出位置，以便完稿时将它收入。

最后，"乡村生活场景"可以说是漫长白昼的晚景，如果也可以这样来称呼社会戏剧的话。这一部分中有最明净、纯粹的人物性格，也有关于秩序、政治、道德的重大原则的实际运用。

这就是形象云集、悲喜剧同台串演的地基，作品的第二部分就是在此基础上峥嵘突起；其中表现了以什么社会手段来达到各种各样的社会效果，并通过对喜怒哀乐的——描绘，写尽了思想的波澜。

第一部《驴皮记》可以说沟通了《风俗研究》与《哲学研究》，那是一篇近乎东方情调的幻想故事，描写生命本身同欲望，也就是一切激情的本原之间的交锋。

凌驾其上的就是《分析研究》了，对此我暂不加以评论，因为总共只发表了《婚姻生理学》一部。今后不太长的时间里，我当发表另外两本属于这一类的作品。

准备先发表《社会生活病理学》，其后是《教育界剖析》和《品德专论》。

最后，巴尔扎克在结束这篇前言的时候，满怀激情地表示，这项浩繁的计划使他"有理由把自己的作品题为《人间喜剧》，这样做是不自量力呢，还是恰如其分？那就等全部作品完成之日，由读者诸君去裁定吧"！

按照巴尔扎克的计划，《人间喜剧》要刻画的是三四千个人物。作品是140多部。而不是只写完了的2000来个人物和91部作品。

在他1845年所开列的书目中，有名而无书的还有50多种。其中有一部取名为《孩子们》的小说，还要写两部分别表现男女学生宿舍生活的作品。还有一本准备用来专写剧院生活的小说。

他还准备写一部揭露外交界、学界、政界和政党内幕实情的作品。他的"战争生活场景"，只写出了《最后一个舒昂党人》一部，其他如准备写埃及之战、阿斯本之战、瓦格兰姆之战、莫斯科之战、莱比锡之战、法兰西本土之战以及准备描写囚禁法兰西俘虏的狱船的作品，都未能完成。

此外，他的《社会生活病理学》中所准备写的一系列作品，也都没有成功，上帝给他的生命实在是太短促了，他的时间实在是太少了，他的有关债务、有关出版的杂务也实在是太多了。

如果没有这些干扰，他的成果还会辉煌得多。如果没有这些干扰，他的那些已酝酿成熟的作品，肯定就会以文字，而不是以计划留存人间了。

大作家抱憾而终

1842年1月5日这天早晨，伏案一夜的巴尔扎克从仆人手里接过一沓信件，发现其中有一封印着黑色方框，上面书有他熟悉的字迹。打开一看，原来是韩斯卡夫人的报丧信。

巴尔扎克得知韩斯卡先生已于两月前病故。

巴尔扎克立即给未来的新娘发了一封回信。信中在向死者的未亡人致了一段安慰和哀悼的礼貌用语之后，迫不及待地表明了自己的心迹：

我头上只有几根白发，除了因我伏案工作而必然引起的"丰腴"之外，由于我注意摄生，我的身体很好。我并不认为自维也纳一别以后，我有什么改变，尽管我过着苦修的禁欲生活，但我的心一点儿也不老，以致我人也不老。

我大约还有15年的青春，亲爱的，你也是这样，可是此时此刻，我倒心甘情愿拿出我暮年的十载光阴，以换取我们相会之期的早日到来。

为了尽快与韩斯卡夫人缔结良缘，这位诚实的现实主义大师竟大撒其谎，他分明是一贯玩命工作，不知珍爱自己，却吹嘘自己摄生有方、保养得法。

不过，他所说的愿以自己少活10年来换取相会之期的早日到来却是肺腑之言。巴尔扎克已经43岁了，却还没有自己的家。他成天18小时的苦干苦熬，太疲劳，太寂寞了！他等一个妻子等了足足20

年，他再也等不及了。

谁知，这封热血沸腾的信换来的竟是一个冷若冰霜的"不"字。

韩斯卡夫人来信告诉巴尔扎克，她不愿离开自己的女儿，她要将余生献给女儿。并明确宣布，从今而后，两人过去的海誓山盟一笔勾销，巴尔扎克可以自行其是。

因为失望而气愤至极的巴尔扎克早已将韩斯卡夫人的信撕了个粉碎。不过，顽强的巴尔扎克是不会就此认输的。他决心"东山再起"。他要用自己的"财富"即自己的伟大作品向韩斯卡夫人显示自己的魅力从而再一次征服她。

于是，他郑重宣布了一个惊人的决定，提前出版他的全部作品《人间喜剧》。

事实上，在几十年没日没夜地工作后，在为人们创造了几十部小说之后，在应付了生活中各种坎坷之后，巴尔扎克的健康过早地丧失了。

1844年4月，他在给韩斯卡夫人的一封信中写道：

> 我现在一纳头就呼呼大睡。我的体力不听我意志使唤了。它们需要休息。它们对咖啡已无反应。为了完成《谦逊的密尼永》，我喝咖啡如牛饮，但一无效果，有如喝白开水。我3时醒来，旋即又沉沉入睡。8时用早餐，用后即昏昏欲睡，打起盹儿来。
>
> 我已开始了一种患有可怕的神经痛和一种因嗜饮过多咖啡而引起的胃病的阶段。我必须完全休息。这是以前从没有过的，糟透的病痛3天来一直折磨着我。

在1846年初，他开始承认了一个现实："我的脑子不灵活了。"在勉强工作了一段时间之后，他的身体状况已经使他的医生受到了震惊。

巴尔扎克自己也不得不承认"无论是医生和他的任何一个医学的同僚都不承认,一个人的脑筋经得起这样过度的努力。他告诉我结果要变成有害的,总是用忧愁的气度重复这句话。他恳求我至少得暂时停止这种'脑力的过度应用'……事实上,我也的确感觉到我身体上有些不对,我聊天的时候必须得设法寻找字眼,而且有的时候得费很大的劲儿"。

巴尔扎克喝下去的那几万杯黑咖啡使他产生了胃病,而且也严重地伤害了他的神经系统。他的脸部肌肉一阵阵地抽搐,他的头脑肿胀、痛疼,眼神经也一阵阵抽搐。

对于一个终生也不愿意浪费一点点时间的劳动者来说,病魔对于工作的阻挠是多么难以接受的痛苦!然而,医生的预言终于应验了,不顾死活的工作换来了可怕的后果。他将要丧失工作的能力。

但是,他还有很多的工作等着他去完成。《人间喜剧》的庞大的计划,还需要他旺盛的精力。稿子写完以后,还有相当于写一遍或几遍稿子的校对工作,这些工作,是作为一个普通人想来就头疼甚至发憷的。工作是这样繁重、艰巨,然而,他现在是病了,无力再像青年时代那样不分日夜、不要性命地干了。

他要完成《农民》《幻灭》第三部,要着手开始写作《邦斯舅舅》和《贝姨》,还有计划中的几十部《人间喜剧》的设想。当然,他还应该有自己的生活。

然而,他却依旧在努力着,榨取着他生命里的每一丝精力,"我希望把这一切的篮子都打开,结束了它。我等着要看的美丽的物品,我急于知道我怎样送到的这些东西,对我的影响未免太大了,特别是我现在被灵感的火焰所困扰而不能够安睡的和容易激动的情景之下。我希望能够在星期一脱稿《老音乐家》,如果我都能够像今天这样一点半钟就起来的话,你可以看得出来,我又恢复了我从前的老时间表了"。

可以看得出来,这个半百老人这时的心情是多么快乐。从这些叙述中,你又似乎看不出他是一个病人。

在他的身体情况让医生们极其担忧的时候,他用6个星期写完了《贝姨》后,在医生们断言"这结果必是一个惨剧"的情况下,就在同一个夏天,他又完成了另一部伟大的作品《邦斯舅舅》。

这两部作品都取材于19世纪上半叶的巴黎社会。但它们的意义,绝不仅是对法国生活的描绘,而可以把它们放在同时代的任何一个国家,因为它们都具有相当的普遍性。

在这两部作品中,表现出他从没有过的对生活和艺术的真知灼见,表现出他艺术手段从未有过的老练,表现出他写作上从未有过的尖锐。

这两部书中,没有丝毫虚假的理想主义,没有了青年时代作品中曾经有过的那种痴情的色调,而深刻地反映了现实生活的苦味,反映了他对于世界知识的真切的感知。

他的功力已由外部的华美转向了内部的坚实。这些小说的现实主义的高度、深度,描写的逼真,对人类原始感情的分析是"任何法国文学都没有超过的"。

这以后,他又创作了锋尔皮尔和马尔纳夫人的形象、莉勒黛的形象、西保的形象,和一些一心只为了寻钱的狡猾的骗子的形象。

这是他对于艺术的告别之作,这告别发生在他仅仅50来岁的盛年时期。

如果巴尔扎克能够多活10年,那么他的那座文学巨厦肯定都能完成了。他的《农民》也许会更加深刻。他的表现军旅生活的作品将会更加丰富。他还可以完成他计划中关于政治界、外交界、学术界、戏剧界的一切生活图像。

然而,他的健康太早地丧失了。也可以说是被他过分地滥用了,得到了一个早衰的结局。而且,事情还要严重得多,他不能继续工作了,他的健康的破坏程度,已经达到必须完全休息的程度。

但是,他仍然不能休息,也不肯休息。他还欠着《新闻报》编辑基拉尔丁一笔文债。说起文债,巴尔扎克也是早已有的,但是他总能够用各种办法偿还清楚。

他经常是一边写作,一边付印,报纸编辑和出版商们都相信他的工作能力,他绝不会叫他们为难。可是,事到如今,当巴尔扎克的健康状况再也无力写作的时候,这些出版商和编辑们都不予通融了。

而当时,《新闻报》的编辑,在巴尔扎克十分为难的情况下,一定坚持要拿到《农民》的全部稿件后才同意刊用。巴尔扎克真是临到绝境了,不能够再一天十多个小时地连续工作,不能在很短的时间内拿出《农民》的全部手稿。

最后,他短缺了这位编辑的一笔小小的稿酬预支,而这位先生竟在法院告了他,说他欠债不还,而法院居然判了巴尔扎克败诉。

巴尔扎克每行文稿得 60 生丁的日子已经过去了,他只得靠把他的短篇小说卖给一家名叫《家庭博物院》的杂志,来换得一口饭吃。

1849 年 10 月,巴尔扎克再次来到乌克兰韩斯卡夫人的庄园维日霍维尼,此行的目的是敦促韩斯卡夫人与他完婚。

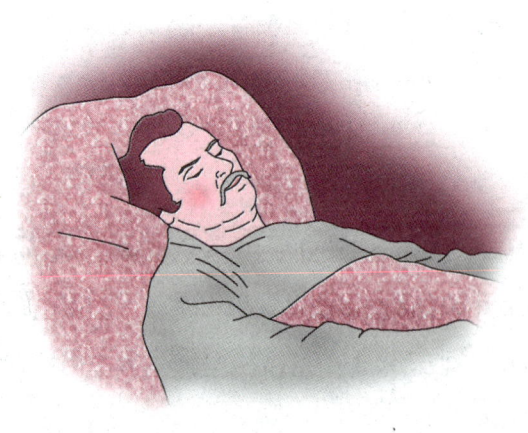

因为俄罗斯天气太冷,他还是提早赶到的,谁知身体大亏了的巴尔扎克还是生了病。先是发烧,后是肺炎复发,热度居高不下。经医生诊断,巴尔扎克已病入膏肓。那些天,巴尔扎克只能病恹恹地躺在床上，但是他的心中依旧在构思着他的小说。

按理，婚事当是没有指望了或至少要束之高阁才是。没想到，韩斯卡夫人这回竟异常爽快将婚期定了下来。精诚所至，金石为开，韩斯卡夫人终于良心发现，终于被巴尔扎克多年来的忠心耿耿的表现感动了。

结婚典礼放在1850年3月，地点是别尔迪切夫市的圣·巴巴拉教堂。出乎意料的佳音使病中的巴尔扎克欢呼雀跃。巴尔扎克当即十万火急地给他老母写了一封信，告诉她赶快装饰新居，迎接新娘的到来。

在信中巴尔扎克还特别关照，各间房子务必要有花：请最好的花匠，用最好的花，花桌、花盆、花架、花瓶、花插一定要应有尽有，多多益善。

1850年3月14日早晨7时，巴尔扎克与韩斯卡夫人的婚礼如期举行。婚礼结束，当天夜里，即驱车赶回维日霍维尼。3天后，巴尔扎克给他一生中最信任的女友卡罗·珠儿玛在信中写道：

> 3天前我同我生平唯一所爱的女人结了婚，我现在比任何时候更爱她，我将继续爱她，直到我的死日。我相信这次结婚是上帝一直替我保存好的一笔赏赐，以作为对于我曾经遭遇到的和克服过的那许多的苦恼和那么多年的辛苦和艰难的补偿。我的童年并不幸福，我的青春并不繁花似锦，但是现在我将享有一个灿烂的夏天和最宜人的秋天。

巴尔扎克归心似箭。一结完婚，他巴不得立即携妻返回巴黎。无奈大雪封路，根本无法起程。就这样硬是挨到4月中旬才动身。路还是不好走，花了一个月好不容易才赶到德国东南部的城市德累斯顿。

此时，巴尔扎克有一种劫后余生之感，他在一封发自德累斯顿的信中这样写道：

> 到达这里，平常只需6天，但我们足足花了一个月。我们的生命不止一次，而是上百次地处于危险之中。我们常常要找十五六个人来帮忙，用绞车把我们的车儿从没到齐车窗的沼泽潭里拉出来。但是我们终于抵达了。虽然又乏又病，总算没有丧命。
>
> 这样的一次旅行使人老上10年。你可以想象得到那是一种什么味儿，心里老是担惊受怕，唯恐我们中间有一个要死在另一个人的怀里——特别是像我们这样地倾心相爱着的时候。

这次旅行严重摧残了巴尔扎克的身心，到达德累斯顿，他眼睛半瞎，气息奄奄，连台阶都上不了。他此时全靠一种精神，靠对未来生活的热望在支持着。

10多年甚至几十年的艰辛的工作和拮据的生活，毁坏了巴尔扎克的健康。

在身体机制下降的情况下，他不仅染上了俄罗斯的风寒，而且，还经历了疲惫的旅途。首先，他得了支气管炎。然后，这可恶的疾病又侵袭了他的心脏。这使他行动困难，几乎一步一喘，说话都感到力气不足。用他自己的话说，他变得"像儿童一样的脆弱"，他不能行动，更不用说写作了。

尽管医生用了最先进的技术来替他治疗，但由于身体各个器官都遭到了破坏，眼睛也出现了毛病，体温也高了起来，肺炎又复发了。他因此而几乎一直没有提笔。

他一直穿着的那件工作室的白袍被一件睡衣所代替了。他穿着它工作了几十年，就像战士的战袍一样。这时，他不得不脱下了，他说："这件衣服现在要永远地代替我的'迎尔苏沁白袍了'。"

可以从中深深感到他那痛苦的恋战情绪。因为，巴尔扎克的"解甲"，却意味着他写作生涯的结束。等待他的绝不是诗情画意的田园故里，而是他生命里程的尽头，以及他深重的痛苦和遗憾！

可是，一切都不能够了。医生诊断他为间歇性脑炎的热病，并且还有严重的心脏病。

这一刻终于来临了，那是 1850 年 8 月 18 日晚上。夜色笼罩了整个巴黎，是人们开始夜生活的时候了。可是，今天的这个时候，他却再也不会醒来了。他不会在两个钟头以后，被仆人轻轻的叩门声所叫醒了。他也不需要借助于黑咖啡的力量刺激自己的神经，用它驱赶睡眠而继续工作了。

巴尔扎克安息在自己置办的柔软而温暖的床上。陪伴着他的唯一的亲人，只有他年迈的母亲。而他新婚的妻子，却早已退回到了自己的房中。

对于他的死亡，法国著名作家维克多·雨果有过一段详细的回忆，记录了他最后一次探访巴尔扎克时的情景：

> 我拉了门铃，没有人答应我。我就拉了第二次门铃。门开处，一个女仆手里拿着一支蜡烛出来了，她在涕泣，她带领我走进了地面楼的客厅，另外一个同样涕泣的妇人说："他就要死了，太太已经退至她的房子里休息去了。"
>
> 大夫们都不知道对他怎么办。他们说水肿使他的心脏肌肉变了，他的肌肉和皮肤都变成了脂肪，所以没有办法钻孔放水，今天早上 9 时起，他就没有说过话，太太派人去请了一个牧师来给他举行临终涂油典礼，他做出了一个手势，表明他知道到底发生了什么事情。一个小时之后，他向他妹妹伸出了手。

11时起,他的喉咙发出了一种急切的响声,我来到巴尔扎克的卧室,他的病榻就放在房子的中央,巴尔扎克躺在床上,他的头靠在枕头堆上,脸是紫色的,几乎是黑色的,朝着右边倾斜去。他没有刮胡须,他的头发是灰色的,剃短了的。他睁着眼睛凝视。我看到他的侧面,他很像是皇帝拿破仑。

　　一个老妇人、看护和一个仆人站在床的两边,看护和仆人沉寂恐慌地站着倾听他临死的急切的响声。我翻开了被窝,拿了巴尔扎克的手,满手的汗珠。我紧紧地握住他的手,但是他并没有回握,看护告诉我说他天一亮就要死。

　　我下楼时,看到那只静立不动,没有感觉的精制的半身像,是德·安几尔·大卫为巴尔扎克雕的一尊云母石的大半身像,从那里发出空泛的光辉,于此我不能不在死和不朽之间作个比较。

　　巴尔扎克在18日夜里去世了。只有他的老母亲为他送行。一个伟大的天才就这样孤寂地离开了人世。他获得了不朽,可是他却过早地离去。

　　1850年8月22日,在倾盆大雨中,巴尔扎克的遗体被送到拉雪兹神甫公墓,这个他曾以依恋不舍的心情埋葬了高老头的地方。前来扶灵的4个人是:维克多·雨果、《基度山恩仇记》的作者大仲马、文学批评家圣伯夫和巴罗希部长。

　　其中除了雨果是巴尔扎克的挚友外,其余3人没有一个同他有过亲密的友谊,而且其中,圣伯夫是巴尔扎克最痛恨的敌人。然而,无论是他的对手还是他的敌人,都不得不承认巴尔扎克的死是人类重大的损失。

　　在濛濛细雨中,维克多·雨果宣读了著名的《巴尔扎克葬词》:

巴尔扎克·丰硕晚年

我们刚下葬在这里的这个人是举国哀悼的伟人之中的一个，从此之后，人们的眼睛不会朝着统治者的脸孔瞧去，而要朝着思想家的脸孔看去，而整个国家也要因为这些人之中的一个的死亡而战栗。

今天，民众在哀悼一个才子的死，国家悲痛一个天才的损失。巴尔扎克的姓名要留在我们这一时代所给后世传统的一道光亮的足迹上……巴黎已经因为他的死而昏迷了……他是回到法兰西之后没有几个月的时候死去的。

他感觉到他已不久人世，就想要重新看到他的祖国一次，正如长途旅行的前夜，一个人要来拥抱他的母亲似的，他的生命是短促的，但是这生命却是丰富的，这位哲学家，这位思想家，这位诗人，他曾经在活着的时候经历过一切伟人所有的充满波涛和斗争的生活。

今天，他已经安静地休息了。现在他已经远离了冲突和仇恨。进入坟墓的日子，他同时也进入了名声的宫殿。从此之后，他要在我们地上的明星之间处，在远离我们头上所聚集的乌云之上的地方光耀，这不是黑夜，乃是光明。这不是结局，而是开端。再也不是虚无，而是永生，像这一类的坟墓才是"不朽"的证明。

一代伟大的作家，在疲惫与困苦中就此与世长辞，而雨果的悼词，正说出了全世界对这位巨人的共同评价。

巴尔扎克的一生启示我们：要想在有限的生命中，在写作上取得一定成就，没有坚韧不拔的意志和争分夺秒的拼搏精神是难以做到的。他硕大无比的脑袋，装满了对这个罪恶世界的悲愤；他魁梧健壮的身体，洋溢着对生活的痛苦与欢乐。他的代表作《人间喜剧》揭露了人性中的种种丑陋，他的独具个性的幻想与写作，为世界文学史建立了一座丰碑。

通过《人间喜剧》，巴尔扎克"提供了一部法国'社会'特别是巴黎'上流社会'的卓越的现实主义历史"。他的作品"是对上流社会必然崩溃的一曲无尽的挽歌"，"他看到了他心爱的贵族们灭亡的必然性"。

附 录

婚姻的幸福并不完全建筑在显赫的身份和财产上,却建筑在互相尊敬上。这种幸福的本质是谦逊和朴实的。

—— 巴尔扎克

经典故事

坚定自己的追求

巴尔扎克上大学后，父母为他的未来作了规划。社会经验丰富，并且通过自己的聪明才智获得一笔稳定财富的父亲，以过来人的眼光，让巴尔扎克学习法律。

这位很有经济头脑的老父亲希望自己的儿子将来成为一个出色的律师或者公证人。但是，让父母都感到意外的是，这个从小到大表现平平的男孩却声称自己的兴趣在文学方面，并且执意要将文学创作作为自己未来的事业。用巴尔扎克的话说，就是要做文学中的"拿破仑"。

不管父母如何的苦心劝解，巴尔扎克就是坚持自己的初衷，为此，父子之间经常发生冲突。

一天，父亲再也按捺不住气愤，质问巴尔扎克："我让你学习法律，你为什么要学习文学？"

"爸爸，您知道，我对法律是毫无兴趣的。"巴尔扎克非常认真地对父亲说。

"毫无兴趣！"父亲暴怒地快要跳起来，"你有兴趣的是什么？是文学！搞文学谈何容易，我看你根本不是搞文学的料！"

"那不一定！"巴尔扎克摇摇头，非常自信地说，"一个人的成功，往往取决于他的信心和努力。"

"信心和努力？那好，从今天起，给你两年的期限，搞不成，就得去搞法律，你敢答应吗？"

"敢！"巴尔扎克斩钉截铁地回答。

从此，巴尔扎克将自己关在房子里，整天埋头写作。这期间，他写了一个历史剧，由于自己的阅历有限，对剧本的特点了解不够，没有成功。但巴尔扎克并没有丧失信心，他坚信，只要有决心，肯努力，一定能在文学上取得成绩。

读书废寝忘食

一段时间的写作实践，使巴尔扎克感到自己的知识和经验都很浅薄。

于是，他拼命阅读世界文学名著，广泛地接触社会和了解人生。他天天出入于图书馆和书店，总是来得最早，离开最晚。

有一次，他在图书馆里翻阅资料，边看边记，忘记了时间的早晚。图书馆的人员下班了，也忘记招呼巴尔扎克一声。

第二天早晨，图书馆的人员来上班了，发现巴尔扎克还在边看边记。为了读书，巴尔扎克真到了废寝忘食的地步。

忍受艰苦的生活

一天夜里，巴尔扎克一觉醒来，发现一个小偷正在翻他的抽屉。巴尔扎克突然哈哈大笑，小偷吓了一跳，但是又忍不住问道："你笑什么？"

巴尔扎克说："真好笑，我在白天翻了好久，连一毛钱也找不到，你在黑夜能找到什么呢？"

小偷很失望，转身要离开，巴尔扎克说："请你顺手把门关好。"

小偷很不爽："你家徒四壁，关门干什么啊？"

巴尔扎克说："它不是用来防盗，而是用来挡风的。"

年　谱

1799年5月20日，诞生在法国图尔市一个在革命中发迹起来的中等资产阶级家庭里。

1803年4月，被送进图尔的列盖公寓寄宿，他在那里待到1807年。

1807年6月22日，被送到旺多姆市的教会学校寄读，在那里学习到1813年。

1814年3月，被送进以信奉天主教和君主制而著名的利辟特寄宿学校。

1816年11月，进入法科学校学习。

1819年4月，从法律学校毕业，他宣布要改行从事文学创作。不久，开始写作诗体悲剧《克伦威尔》。

1820年4月，完成悲剧《克伦威尔》。5月，在家朗读，受到非难。8月，为了争取经济独立，开始转入流行小说写作。

1824年2月，匿名出版小册子《论嫡长继承权》，他在书中维护封建继承权。

1825年，从事出版业，其后几年中，他又办过印刷厂、铸字厂等，都没有成功，反使他负债累累。

1829年3月，长篇小说《最后一个舒昂党人》发表。同年，发表《婚姻生理学》《苏城舞会》等作品。

1830年1月，写中篇小说《高布赛克》。发表短篇《刽子手》。

1830年2月，观看雨果的戏剧《欧那尼》在法兰西喜剧院的首次演出，后曾撰写评论。

1832年2月，发表短篇小说《委托》、中篇小说《费尔米安尼夫人》和《夏倍上校》等作品。

1833年1月，同韩斯卡夫人开始经常通信。《乡村医生》单行本出版。

1834年4月9日，《巴黎杂志》开始刊登长篇小说《高老头》。

1835年1月，《哲学研究》一书出版。3月，长篇小说《高老头》单行本出版。

1836年1月3日，发表短篇小说《无神论者做弥撒》《法其诺·加奈》《幽谷百合》《老姑娘》等。

1837年2月，发表长篇小说《幻灭》的第一部《两诗人》。

1839年9月，发表长篇小说《古物陈列室》结尾部分。

1841年，发表长篇小说《无头公案》，发表中篇小说《两兄弟》等。

1842年4月，《人间喜剧》第一卷开始出版，第一卷中刊载了作家自己写的长篇前言。发表《搅水女人》中的第二部分《一个内地单身汉的生活》。

1842年，在《人间喜剧》第三卷中发表中篇《三十岁的女人》。

1843年3月，发表短篇小说《奥诺丽娜》和《外省诗人》。

1843年，在《人间喜剧》第八版中第一次发表长篇《幻灭》。

1844年，发表长篇小说《谦逊的密尼永》、《农民》和《蓓阿特丽丝》。

1845年9月，发表短篇小说《经纪人》《贝姨》。

1847年，发表长篇小说《邦斯舅舅》。

1850年3月14日，巴尔扎克与韩斯卡夫人在乌克兰结婚。

1850年8月18日，巴尔扎克去世，享年51岁。

名　言

- 人之相知贵知心。

- 直爽最能得人心。

- 苦难是人生的老师。

- 一花凋零，荒芜不了整个春天。

- 遵守诺言就像保卫你的荣誉一样。

- 尊严不是美德，但它是一切美德的根本。

- 一个能思想的人，才真是一个力量无穷的人。

- 自满、自大和轻信，是人生的三大暗礁。

- 没有思想上的清白，也就不能够有金钱的廉洁。

- 一个正直的人无论在什么地方都应该知道自重。

- 对许多人，书籍与鲜花之重要根本不亚于面包。

- 除了聪明没有别的财产的人，时间是唯一的资本。

- 伟大的人物都是走过了荒沙大漠，才登上光荣的高峰。

- 一个人只要行为高尚，不管怎样无知也会得到原谅的。

- 真有才能的人总是善良的、坦白的、爽直的，决不矜持。

- 只有那些晓得控制他们的缺点，不让这些缺点控制自己的人才是强者。

- 一个才华横溢的人，如果身边没有诚挚的朋友，那准是因为他为人冷酷。

- 想升高，有两种选择，那就是或者做鹰，或者做爬行动物。

- 我认为人生最美好的主旨和人类生活最幸福的结果，无过于学习了。

- 苦难对于天才是一块垫脚石，对能干的人是一笔财富，对弱者是一个万丈深渊。

- 当一个人尝尽了生活的苦头，懂得什么叫生活的时候，他的神经就坚强起来了。

- 痛苦也有它的庄严，能够使俗人脱胎换骨。要做到这一步，只要做人真实就行。

- 母亲是人类情绪中最美丽的，因为这种情绪没有利禄之心掺杂其间。

图书在版编目(CIP)数据

巴尔扎克/高立来编著.—北京:中国社会出版社,2012.6
(2022.6重印)
(世界名人非常之路)
ISBN 978-7-5087-4052-2

Ⅰ.①巴… Ⅱ.①高… Ⅲ.①巴尔扎克,H.D.(1799~1850)-生平事迹 Ⅳ.①K835.655.6

中国版本图书馆CIP数据核字(2012)第099839号

出 版 人:浦善新	策划编辑:侯 钰
责任编辑:侯 钰	封面设计:张 莉
出版发行:中国社会出版社	地 址:北京市西城区二龙路甲33号
邮政编码:100032	编辑部:(010)58124867
网 址:shcbs.mca.gov.cn	发行部:(010)58124866
经 销:各地新华书店	
印刷装订:北京华创印务有限公司	开 本:170mm×240mm 1/16
印 张:13	字 数:200千字
版 次:2012年6月第1版	印 次:2022年6月第4次印刷
定 价:49.80元	

中国社会出版社微信公众号

中国社会出版社天猫旗舰店